TAKING ADVICE

纳 谏

——如何发现并用好建言

〔美〕丹·钱帕 著

丛永俭 译

商务印书馆
2009年·北京

Dan Ciampa

Taking Advice

How Leaders Get Good Counsel and Use It Wisely

Original work copyright © Harvard Business School Publishing Corporation.

Published by arrangement with Harvard Business School Press.

图书在版编目(CIP)数据

纳谏——如何发现并用好建言/〔美〕钱帕著;丛永俭译.
—北京:商务印书馆,2009
ISBN 978-7-100-05728-8

Ⅰ.纳… Ⅱ.①钱…②丛… Ⅲ.领导学 Ⅳ.C933

中国版本图书馆 CIP 数据核字(2008)第 008228 号

所有权利保留。
未经许可,不得以任何方式使用。

纳　谏
——如何发现并用好建言
〔美〕丹·钱帕　著
丛永俭　译

商 务 印 书 馆 出 版
(北京王府井大街36号　邮政编码 100710)
商 务 印 书 馆 发 行
北京瑞古冠中印刷厂印刷
ISBN 978-7-100-05728-8

2009年9月第1版　　　开本 700×1000　1/16
2009年9月北京第1次印刷　印张 16¼

定价:36.00元

商务印书馆—哈佛商学院出版公司经管图书翻译出版咨询委员会

（以姓氏笔画为序）

方晓光　盖洛普（中国）咨询有限公司副董事长
王建铆　中欧国际工商学院案例研究中心主任
卢昌崇　东北财经大学工商管理学院院长
刘持金　泛太平洋管理研究中心董事长
李维安　南开大学商学院院长
陈国青　清华大学经管学院常务副院长
陈欣章　哈佛商学院出版公司国际部总经理
陈　儒　中银国际基金管理公司执行总裁
忻　榕　哈佛《商业评论》首任主编、总策划
赵曙明　南京大学商学院院长
涂　平　北京大学光华管理学院副院长
徐二明　中国人民大学商学院院长
徐子健　对外经济贸易大学副校长
David Goehring　哈佛商学院出版社社长

致中国读者

哈佛商学院经管图书简体中文版的出版使我十分高兴。2003年冬天，中国出版界朋友的到访，给我留下十分深刻的印象。当时，我们谈了许多，我向他们全面介绍了哈佛商学院和哈佛商学院出版公司，也安排他们去了我们的课堂。从与他们的交谈中，我了解到中国出版集团旗下的商务印书馆，是一个历史悠久、使命感很强的出版机构。后来，我从我的母亲那里了解到更多的情况。她告诉我，商务印书馆很有名，她在中学、大学里念过的书，大多都是由商务印书馆出版的。联想到与中国出版界朋友们的交流，我对商务印书馆产生了由衷的敬意，并为后来我们达成合作协议、成为战略合作伙伴而深感自豪。

哈佛商学院是一所具有高度使命感的商学院，以培养杰出商界领袖为宗旨。作为哈佛商学院的四大部门之一，哈佛商学院出版公司延续着哈佛商学院的使命，致力于改善管理实践。迄今，我们已出版了大量具有突破性管理理念的图书，我们的许多作者都是世界著名的职业经理人和学者，这些图书在美国乃至全球都已产生了重大影响。我相信这些优秀的管理图书，通过商务印书馆的翻译出版，也会服务于中国的职业经理人和中国的管理实践。

20多年前，我结束了学生生涯，离开哈佛商学院的校园走向社会。哈佛商学院的出版物给了我很多知识和力量，对我的职业生涯产生过许多重要影响。我希望中国的读者也喜欢这些图书，并将从中获取的知识运用于自己的职业发展和管理实践。过去哈佛商学院的出版物曾给了我许多帮助，今天，作为哈佛商学院出版公司的首席执行官，我有一种更强烈的使命感，即出版更多更好的读物，以服务于包括中国读者在内的职业经理人。

在这么短的时间内，翻译出版这一系列图书，不是一件容易的事情。我对所有参与这项翻译出版工作的商务印书馆的工作人员，以及我们的译者，表示诚挚的谢意。没有他们的努力，这一切都是不可能的。

哈佛商学院出版公司总裁兼首席执行官
万季美

谨以本书献给 O.B. 尼尔森,他一生都在用令人 羡慕的决心、勇气和 谦逊克服各种困难。

目录
CONTENTS

引言 ··· i
    进言者的观点 ·· ii
    从专业到商业 ·· v
    分析来自建议需求方的意见 ································ viii
致谢 ··· xi
第一章　帮助的悖论 ·· 1
    引入变革，掌控局面 ·· 2
    变革组织的内在挑战 ·· 5
    为什么有经验的管理者仍然需要建议 ···················· 7
    帮助的悖论 ·· 9
    三个基本建议 ·· 11
第二章　管理者为何不能成功采纳建议 ···················· 15
    "这是唯一的机会" ··· 16
    "我可以自己做" ··· 23
    "我更注重战略而不是公司政治" ··························· 31
    "我知道我是对的" ··· 37
    "管理者需要为错误做好准备" ····························· 46
    领导的五个错误：案例分析和实践研究 ··············· 54
第三章　建议采纳的新框架 ···································· 61
    采纳建议的基本规则 ·· 61

仔细分析建议采纳的规则 ……………………………… 67
第四章　采纳建议的类型——战略的、运营的、政治
　　　　的和个人的建议 …………………………………… 89
　　　战略方面的建议 ………………………………………… 90
　　　运营方面的建议 ………………………………………… 98
　　　政治方面的建议 ………………………………………… 103
　　　个人方面的建议 ………………………………………… 111
第五章　进言者的类型——专家、有经验的人、能产
　　　　生共鸣的人和伙伴关系的人 ……………………… 119
　　　专家型进言者 …………………………………………… 119
　　　有经验的进言者 ………………………………………… 129
　　　产生共鸣的进言者 ……………………………………… 135
　　　合作伙伴关系的进言者 ………………………………… 132
第六章　平衡的艺术 ……………………………………………… 142
　　　平衡进言网络 …………………………………………… 149
　　　熟悉加适应 ……………………………………………… 15
　　　关系的潜能 ……………………………………………… 15
　　　共同管理但自己承担责任 ……………………………… 15
　　　进言关系的前提 ………………………………………… 16
　　　我愿意和这个人共事吗 ………………………………… 16

第七章 伟大的建议采纳者的态度和行为……………… **165**
　　态　度 ……………………………………………… **165**
　　行　为 ……………………………………………… **176**
第八章 倾听——专业的技巧和其他关键
　　　　的成功因素 ……………………………………… **189**
　　倾听——专业的技巧 ……………………………… **189**
　　在有压力的情况下管理建议 ……………………… **195**
　　专业的提问和倾听——古巴导弹危机 …………… **198**
　　关键的成功因素 …………………………………… **206**
写在后面的话——进一步思考 …………………………… **215**
注释 ………………………………………………………… **219**
延伸阅读 …………………………………………………… **225**
作者简介 …………………………………………………… **231**

引　　言

　　如何采纳建议并有效地使用它,并没有得到人们足够的注意。长期以来,我一直是建议的提供者,给那些非常聪明的人提出建议。但是,我很少遇见"明智的客户",可以说,很少有人知道如何充分利用建议。大部分人对待顾问的建议,既不做好充分准备,也不愿意积极地采纳。他们很少会采取措施去验证那些建议者的观点,而那些建议者的观点、能力和知识确实对他们很有帮助。即使建议只是针对某一目标的,但是接受建议的人经常没有任何理由地拒绝那些建议,而且并不知道不按照建议去做会带来什么后果,当然也不会按照他们得到的建议去做。采纳建议的核心前提是:即使在变革的时期,为了达到最好的效果,领导应当足够聪明,成为有远见的建议采纳者。

　　领导采纳有帮助的建议很重要吗?如果领导不得不一下就找到正确的选择,那么采纳建议就很重要,因为不能有任何差错;如果管理的经验和能力不足,采纳建议就很重要;

引言

同时,如果结果非常重要,一旦错误的决断就会葬送领导的职业生涯、员工的前途,并违背对消费者和投资人的承诺,那么这时采纳建议也是很重要的。在这些情况下,建议对于领导者都适用,我写这本书的本意也如此。这本书后续的章节将说明采纳建议是一种技能,能够为你提供一条途径,帮助你思考如何完成复杂和必要的任务。

进言者的观点

我第一次作为进言者是在读大学的时候,大约是20世纪60年代后期,那时我参与了一个领导培训项目,为一些高校和社区的服务代理机构提供帮助。因此,在我19岁那年,我开始初入广告业。毕业以后,我被一家从事志愿者组织研究和管理培训的公司雇用,我在那里学会了帮助组织发展建立规则,这些规则对于组织培养管理智慧并创建企业文化非常重要。[1]优秀组织的行为科学研究中心(Behavioral Science Center Sterling Institute,后来更名为McBer &Co.)是美国比较早的帮助组织设计行动方向、组织行为和组织构架的非政府组织和非营利性组织。我的工作包括研究组织的经济发展、社区行为和冲突解决、团队组织,以及研究组织发展等。我还与风险投资公司的人共事过,帮助他们开展初始阶段的投资管理工作。那时我承担了管理和组织发展项目的工作。我职业生涯的第二个阶段,是从1972年开始的,从事运营问题的解决和流程的改进。

我1970年进入咨询业,那时咨询还是个很小的行业。

年轻人新接触一份工作都要得到类似行业协会的批准,需要通过考试和同等的面试,才能获得由低到高的职位。顾问们会问新手是否能得到应得的咨询费,如果提不出好的咨询建议,就不能收取客户的费用。在完成了一个项目以后,团队成员需要偶尔到客户中去看他们的咨询工作的效果(而不是在推销他们别的咨询服务),而这一过程并不收取任何费用。这样的工作看似很简单,但是这样的工作需要耗费很多时间。

1972年我加入了Rath & Strong公司,它是一家帮助大的生产企业解决产品设计、生产、效率以及配送问题的最好的公司。1935年始建之初,它就在美国制造业市场占有重要地位,它吸纳了包括技术专家阿瑟·D.利特尔(Arthui D. Little)和麦肯锡的广泛管理流程的设计者詹姆斯(James)等专家,正如我们所知,他们都是咨询业的创始人。Rath & Strong公司提供建议的原则是:(1)咨询工作能够提供特殊的专家和丰富的经验;(2)咨询工作应该是一项长期的工作;(3)作为一个实用的专业,咨询专业强调的是为客户提供解决最重要问题的方案。公司的员工、成长和与其他公司的关系都是要考虑的因素。

我的工作曾经包括关注组织发展中的技术和改进流程等内容。一方面要找到一些方法,确保产品质量可靠、有效,同时要进行成本控制、生产流程控制、库存管理和产品设计;另一方面包括让员工参与到改进交叉部门的合作中,采纳新的组织文化,并培养管理人员形成持续改进企业绩效的习

引言

惯。综合这两方面可以更好地解决长期的困难，比单一的工作更有效。同时也可以找到更有创意、持续提升组织地位的方法。我们是第一家成功地提出多边解决方案的公司。在接下来的12年中，我指导了一些长期项目，改变了他们的技术、生产流程和企业文化。正如在我职业生涯的第一个阶段一样幸运，我能再次遇到挑战，并且从师于领导思维领域的创始人，从事包括质量和可靠性的工程设计、产品开发、库存管理、劳动者关系研究、效率和成本维护，以及其他一些改善绩效的工作。[2]

咨询业是一个处在美国商业巨变中的行业。不变化的惩罚是巨大的，最好的办法就是保持竞争力。全面质量管理的方法和实时管理的方法(今天六西格玛和精益管理的渊源)已经初见成效，它们一起见证了美国公司经营50年以来的巨大的变革。由于它们能带来巨额利润，就需要将来自人、文化和技术、流程改进环境等最好的工具与技术结合起来。Rath & Strong 公司的多边管理方法在这些新方法中是比较好的。在指导项目开展和辅导那些应用这些新方法的管理者的过程中，在最根本的变革中，我得到了领导和进言之间的第一手资料。

在一线工作的经验教给我一些重要的东西：在作财务分析的时候，最重要的不是我们的解决方案多有效，也不是咨询顾问给人的印象多深刻。最重要的是关键客户能够知道，在进言者提供的诸多信息中，哪些是他们需要的。如果连这个问题都搞不清，不管企业采用什么样的竞争新手段，那么变革的可能性都不大。对于处在那些领域的制造企业,如果不进行变革就意味着没有生意继续可谈了。

20世纪80年代早期,作为进言者,我已经在这个领域工作了15年,这时我开始致力于寻找如何使上层的领导听取顾问意见的核心知识。但是仍然找不到一个统一的理论。我找到的是一些混合的方法,并不能使人相信专家与普通人的建议有何区别,也让人们感觉不到对客户来说有什么不同。我开始记录采纳建议和顾问之间的本质关系。

从专业到商业

进言者曾一度更关注自己的成长和成本,而不关心客户的需要。这一期间咨询业经历了从专业向商业的转变。这种转变发生在20世纪70年代中期和80年代中期,那也是美国制造业复兴的时期,那时行业准入门槛很低,获得利润的机会很大。而始于20世纪70年代后期的咨询行业就是在这一时期兴旺起来,并且获利颇丰。

随着一些大的公共会计事务所(那时有8家最大的)的涌入,咨询行业的从业者激增。面临着审计业务的利润的增长,他们意识到管理咨询工作的潜在利润,特别是审计师把从事管理咨询工作的大学生推荐给客户很容易(比如发生在安然或其他公司的利益冲突问题就需要咨询专家参与解决)。许多公司从利益冲突中找到了咨询的经验,并将他们具有进言经验的审计师转向做管理咨询工作。那些具备咨询经验的专业人士很快加入到软件公司,因为一些软件公司

引言

能够认识到顾问具有潜在能力,能够解决客户处理软件安装中的问题。他们给那些有咨询经验的人很高的薪水。这些有咨询经验的人包括无用武之地的 MBA、被解雇的管理者和一些技术专家、管理教育家。他们喜欢在变革中从事培训工作,还有些人在组织发展中成为寻找更大挑战的 IT 项目经理。

20 世纪 80 年代末,咨询业吸引了大量有着不同背景,但是缺乏咨询艺术的各种人才。那时没有统一的资格验证制度,培训也很少。[3] 这些人的大量涌入,改变了建议提供和获得的途径。但是,咨询项目通常是通过数据汇总,由有经验的咨询师来完成的。而心理学家是在不知情的情况下,通过了解病人"诉苦"的方式来工作的。虽然每个方法都是独特的,每个发泄的过程都是不可预知的,但是每个问题都能反映出可以理解的内容。这些咨询师们很高兴地发现了类似情况下相似的解决办法,但是每种解决办法都不能重复使用。

然而,随着一些无大量经验的咨询师的涌入,需要新的方法来开展此项工作,这条路在多年前被布鲁斯·海德森(Bruce Henderson)铺平。1963 年布鲁斯创建了波士顿咨询公司,建立了一种新的战略咨询的方法,他的这种新方法依赖于两个基础。第一就是创建了一种模型,使客户能够清楚地掌握潜在的战略途径。这一通用的竞争模型是市场占有率矩阵。它把企业分为四类:明星企业、现金牛企业、问题企业和落水狗企业。[4] 他的方法革命性地说明了公司所处的地位,为领导者提供了潜在的价值和改进的基础。

引言

这一方法也成为海德森手下的 MBA 的得力工具,也是第二种模型的基础。为了找到新的竞争战略,海德森关注公司中销售和使用咨询服务的人的业务能力。他在西屋公司(Westinghouse)负责采购工作时,作为客户接触到一些咨询师。在阿瑟·D.利特尔的波士顿咨询公司工作中得到了咨询方面的培训。他雇用了一些精明的和有分析师背景的MBA,尽管他意识到,不是所有这些人都能成为好的咨询师,但还是鼓励那些不能成为咨询师的人成为公司未来的客户。他们的职业生涯选择的结果是,使能成为咨询师的人从事招募工作;那些转型工作的人后来通过他们校友的帮助成为波士顿咨询公司的客户。然而,随着咨询市场的繁荣,很多会计师事务所和软件公司忽略了第二个基础。他们集中精力于"咨询产品",并且让员工致力于销售这些"咨询产品",而不是教会他们研究实际的情况,并不关注客户的实际需求,也不判断客户公司的变革能力,因此最终还是得不到最好的解决客户企业问题的方法。

20 世纪 90 年代中期,咨询费用惊人地增长,不仅对个人的收费率提高,整个项目的总成本都增加了,例如软件项目管理和精确的分析草案等都需要咨询服务。为了实现为不同项目提供不同咨询意见的目标,咨询公司说服了客户公司花费不可预期的资金用于咨询,而客户公司在寻求咨询之前从来没有考虑过咨询公司的客户服务能力。这好比是一场永远还不清的赌注。

引言

分析来自建议需求方的意见

截至1984年,我已经在Rath & Strong公司工作了很多年,成为该公司的董事长兼CEO。那时我们公司是令人刮目相看的行业领袖,很多公司是远远落后于我们的。我们经历的变革正如我们希望能够适应新的客户的需要一样,会引起冲突,并且也可能缺乏团队精神。我们不仅需要站在那些帮助客户建立的市场的前沿,这些市场目前面临着严峻的竞争和挑战,而且还需要改进自己的企业文化。我们收费为客户解决的问题其实也正是我们面临的挑战。我知道自己也需要帮助,也需要一些能够给我提供需求帮助的人。我也是客户。

我已经开始了广泛研究咨询理论的漫漫长路,希望能花一些时间去写一些有用的东西。时间需要这么长的一个原因,可能也是为什么这个主题总被忽略的原因,那就是咨询的意见很难完全从提供咨询方的角度传达给需求方。鉴于此,我所知道的关于建议的本质都是来自于咨询师和学术专家,以及那些不必接受建议的人。而我们的客户很少会反馈他们的咨询的内容。如果不去综合他们的需求,我就只能简单去理解来自寻求帮助人的观点。我开始记录和客户的交流对话,注意他们如何与咨询师讨论,如何思考他们的地位,以及当他们没有利益可循的时候,他们能做的与众不同的事是什么。在做CEO的过去这些年中,我一直保存着自己作为咨询师的记录,我也在寻找那些对咨询业务进行深入思考

引言

的人。

20世纪80年代早期到90年代中期，我管理的公司业务进入了快速发展时期，由于我们具备优势，因此这是个好时期。我面对成功很高兴，也高兴地知道自己要离开公司。我请继任者替代了我的工作，在经过了18个月的交接后，我于1996年离开了公司。加入到一些非营利性和营利性组织的董事会。尽管我与一些董事亲密工作在一起，并且被选为领袖，为CEO提供潜在困难的咨询建议。2001年9月11日的前期，我成为财政部秘书处的特殊咨询专家，在非常时期为联邦政府提供有效的咨询建议。

后来证明我在这一时期提出进言的观点非常合适。这本书不是写给咨询师的，并不是让他们更有影响力或对客户更有帮助；而是写给客户的。那些客户读完本书后应该比得到咨询师建议后，更有效地采纳建议。本书写给那些非营利性组织和营利性组织的领导者，这些领导者正处于战略、运营、政策制定等问题的困扰之中。本书还是写给那些处于职位升迁中的高管的，他们希望最终能找到同类问题的解决办法，他们也希望现在能为此做好准备，充分利用咨询师的建议。本书提供了一种合理的采纳建议的方法，使管理者能够从更有洞察力的角度使用建议，解决棘手问题。

本书第一章分析了那些需要承担巨大变革任务的领导为什么要主动地寻求建议，他们如何能寻找到所需的帮助，并充分利用这些帮助。第二章则列举了一些常遇到的采纳建议的问题（如对建议的策略），并列举了五个例子研究了受

引言

困扰的领导面临的问题。第三章提出了纳谏的理论，为后续章节埋下了铺垫。第四章描述了不同类型的建议。第五章指出了不同类型的进言者。第六章解释了平衡建议网络和从咨询师中能得到的建议之间的关系。第七章研究了好的建议采纳者的因素。第八章指出了成功将建议转化为行动的关键因素。本书收录了很多案例和故事，也包括许多领导面临挑战的案例的深度分析。

本书分析了四类建议和四类咨询师，以及联合机构对待好建议的态度和能力，还分析了如何打开潜在建议之锁。24个案例研究贯穿全书，说明管理者如何面对一些环境，管理他们的建议需求。除了一些政治领袖，如约翰·肯尼迪、亚伯拉罕·林肯，所有案例中的人物都是我曾经与之共事过的，很多情况都或多或少地重复发生，尽管主人公名字已经有所修改。一些案例很简短，但目的就是要说明一个问题；还有一些稍长的案例是为了说明复杂一些的采纳建议的规则。在全书的八章中，采纳建议被总结成一些框架，能使管理者对这些建议进行系统的思考。

致　　谢

　　本书的写作耗费的时间很长,我要感谢的人的名单也很长。当然,在过去的30年中,我对那些需要建议的人有着特殊的建议权。他们向我推荐的咨询师询问并倾听咨询师对疑难问题的建议。此外,我在帮助客户解决问题中,与他们建立了良好的关系,他们也为本书提供了素材。

　　我要特别感谢那些无私地奉献了自己时间和想法的人。他们在这方面表达出咨询的本质,说明了咨询师的责任。我首先要感谢布鲁斯·亨德森(Bruce Henderson)、迪克·贝克汉德(Dick Beckhand)、吉姆·理查德(Jim Richard)。艾伦·拉什(Alan Rush)是我多年来的朋友和导师,在我需要意见时,他总在我身边,他在咨询方面的研究帮助我在20世纪70年代树立了对咨询的认识。和史蒂夫·莱因史密斯(Steve Rhinesmith)的友情要追溯到我们在史特林机构(Sterling Institute)共事之时,他对本书草稿的意见使本书更完善。克里斯·阿吉里斯(Chris Argyris)在和老邻居散步时也讨论了这

致谢

本书的草稿,他们这些评论使我形成了本书的框架。杰夫·米勒(Jeff Miller)经常抽时间提出有效建议,麦克·沃特金(Mike Watking)对本书的鼓励也使我很感动。马尔科姆·诺尔斯(Malcolm Knowles)自愿帮助我研究如何学习和采纳新思想,这种工作对我关于咨询的早期写作很有帮助。阿瑟·特纳(Arthui Turner)是在给哈佛大学商学院的教学课程中首次提出咨询关系复杂性的教授之一,这引起了我的共鸣。还要特别感谢萨莉·斯特林(Sally Stirling)、萨姆·詹姆斯(Sam James)、雅克·克拉斯尼(Jcques Krasney)和乔治·斯托克(George Stalk)。

我获知生产和流程再造过程的复杂性,并且发现了一种管理工具,能重复定义竞争局势。一些明智的人教会我如何把我的这些想法更好地变成咨询师的意见。对我有重要影响的人有:乔·朱兰(Joe Juran)、爱德华·戴明(Edwards Deming)、多兰·谢纳(Dorian Shainin)、鲍勃·巴洛(Bob Barlow)、比尔·利斯(Bill Leitch)、阿诺德·帕特南(Arnold Putnam)、亨利·帕克(Henry Parker)、卡尔·斯隆(Carl Solane)、马文·鲍尔(Marvin Bower)、吉米·肯尼迪(Jim Kennedy)。

当然,形成框架和用可行的方式解释问题并不是一回事。我要特别感谢安·古德塞尔(Ann Goodsell)加入我的团队,她能把复杂的想法描述清楚,并使用比我更简洁的语言来描述,这使得本书通俗易懂。杰夫·基赫(Jeff Kehoe)一直在参与此项目,哈佛商学院出版社的团队也为此付出

致谢

了艰辛的努力。一直以来,我都不能离开埃琳·默里(Erin Murray)的有效帮助。

第一章　帮助的悖论

一家产品包装公司以其管理能力和精明决策而闻名,为了实现运用世界级的信息技术系统和商业程序的目标,他们开展了雄心勃勃的再造项目,该公司也因此而著称。而这样的项目破坏了客户声誉,造成了高层和低层的管理者关系的紧张,使很多人沮丧地离开。他们的做法改变了公司在这一领域以前采用的固定的管理模式。开展这一项目成本巨大,已经超出公司预算,但还是达不到预期目标。

在决定终止这一项目后,公司总裁告诉我:

我们在这一项目上花费巨大,已远远超出我们曾经花在咨询上的费用。实事求是地说,我们从中一无所获。我为此很内疚。但是顾问告诉我,虽然会遇到重重困难,但他们一定会完成那些工作,始终和我们站在一起。他们认为我们目前工作进展得太慢,如果我们还想成为市场中的领袖,就必须

第一章

推翻目前的做法,采用所需的新方法。在一步一个脚印的增长方式的前提下,是不可能实现顾问的想法的。但是那么做,员工和管理层会看见有价值的和有效的结果,并且实现成本的节约。顾问提供的建议有着好的销售方针,但在目前条件下公司不具备他们提出的执行能力。顾问们唯一正确的是,他们看到我们面临困难。

那些管理者为什么会让这样的事件发生呢?他们通过仔细地计算风险,搜集了一些固定的数据。他们习惯于面对大的、复杂的项目,并谨慎地使用运营费用。为什么他们会用冒险的方式去处理一些重要事情?为什么只有在回顾问题时,才会意识到顾问对于糟糕后果的预期这么不明智?那些比高管更熟悉问题的中低层管理者从开始就一直怀疑顾问的方法和能力,高管为什么不听从他们下属的建议呢?下属为什么不强硬地表述他们的观点呢?

这些公司的领导者包括成功企业和令人尊敬企业的现任CEO。审计协会在事件发生前就意识到了这个项目的危险,并采取了常规的调查程序,他们为什么没能意识到问题呢?

引入变革,掌控局面

20世纪90年代中期,这样的例子已经很普遍,每次事件都会出现同样复杂的问题。因为这些问题答案反映了建议的本质和潜在的缺点。我开始留意信息，以了解高管如何选择来自内部和外部的帮助，去解决重要问题的，同时了解他们对得到的帮助的满意度如何。与我对话的高管越多，他们对于下列人的不满就越多，这些人包括来自外部顾问和为他们服务的管理者、董事会成员、人力资源部门和信息部门的员工等。这项调研跨度6年，那段时间里我和超过125名有建议需求的不同组织的高管交流过，他们可被分为两大类。

为保持成功地位而变革的领导者

第一类领导者从事领导工作有一段时间，他们所在的组织很成功，他们自己也很自信。公司的收入和利润在行业中名列前茅，而非营利性组织则因项目革新和成功的筹款而闻名。但是，这些管理者相信他们的组织为了保持成功的地位，必须采用一些基本的方法来变革，并预想了组织未曾经历的一些行动步骤，例如并购、联盟，或潜在的变革，这些变革需要新的组织结构、人力资源、行为方式和新的工作环境。

在许多情况下，很多管理者也都意识到了保持成功地位比取得成功更难，需要勤奋、努力工作和勇于变革的能力。他们也知道有变革的想法只是成功的第一步。对于很多管理者来说，这样的远景规划意味着他们要学会用新方法来引导和鼓励他人，同时分享自己的领导权，鼓励员工采用新方法工作。对每个人来说，那意味着要改变舒适的工作方式和习惯，许多即任管理者面临着复杂的情况，诸如卖掉分支机构或解雇那些不能胜任新环境的下属。这些都是管理者未

第一章

曾被培训过的技能。当他们的领导权面临着新威胁的时候，他们的需求就变得很复杂。

面对变革新地位的领导者

第二类领导者包括那些最近升迁为公司或分支机构高管的人，他们被公司从外部引入，或从内部被选拔上来。他们希望得到变革的进程表，主要是因为他们是来接替那些未能完成增长或预期收益的高管的。他们的组织并没有破产，也不是处于转型阶段的紧迫状况之中，大部分公司运转良好，但他们的董事或CEO为了避免未来的隐患，要求他们必须改变一些传统的做法。大部分人都经历了一些惊人的变革，最终导致了管理变革和管理者更替。

这类组织和第一类领导者所在的组织面临了同样的问题，但他们的新领导不得不对特殊的挑战表现出心甘情愿。每个人应当利用现有组织优势，学会新定位。如果这类人是由公司从外部聘入的，他们要接受新的企业文化，形成新的联盟，取得他人信任。在他们为成为高管前，没有支持和顾问的情况下，也要考虑其他人的想法。对于那些第一次当CEO的人来说，一项良好的议程会获得投资者和分析师的信任。大部分继承高管职位的人不太适应新的领导岗位，但这一阶段对于他们的早期成功非常重要，因为机构背景和成员的忠诚对他们来说都很重要。他们不得不采取曾使用过的完成挑战的步骤，很多时候他们要考虑来自老板、员工和他们自己的高期望。

变革组织的内在挑战

我听到各种组织领导者的倾诉越多，就越明显感到他们所处情况的相似性。他们所处的特殊环境往往是单一的，但是他们的领导风格和领导哲学却大相径庭。上述两类人的经验都不能为新环境做好准备。在每一种情况下，变革都是剧烈的。一位新领导失败后会使职业生涯有缺陷，在他试图改变公司时却使公司一败涂地。如果一位在任领导不能维持成功的地位，他和同事们一起赢得的胜利成果将会在他手中丧失。两类管理者都面临上述的情况。

统筹管理

大部分领导都是非常胜任的，他们有着骄人的业绩，曾使其组织有着良好的发展。但他们发现自己目前处在充满激烈竞争的环境中，同时也面对着知识丰富、需求更多的客户。为了适应环境变化并满足客户需求，就不能为了降低成本而牺牲质量，这就要将速度和质量放在一起分析。要使员工对企业忠诚，并全身心投入，就需要作出严肃的决策。

因此领导者要同时从质量和速度两方面作好统筹，应通过使用新技术、新系统，以及改进流水线的结构等来提高效率，以提升短期利润。同时，他们要确保大量员工能认同他们的观点，服从领导，有动力去学习新的工作方法。要求员工使用更少的资源去做更多的工作，以完成不断增长的严峻的目标。领导者担心，如果不能权衡这些方面，他们的企业

第一章

即使做得再好也不行。

自我管理

第二项挑战就是管理自我，要学会分配精力，调节情绪，安排工作进程，处理不同优先级的工作，并处理好人际关系；要节约时间，缓解压力，各个方面都是很必要的。不管这些人在领导岗位上待过多久，他们都面临着巨大的压力。变革会给每个人造成压力，对于管理者来说，这种压力更大。他们习惯性地在下列两种情况下作出选择——在信息有限的条件下作出选择，和结果不确定的条件下作出明确选择。他们的判断应当是明智且富有洞察力的。有明智和富有洞察力的要求，压力就不可避免地出现，因为企业处于决策的十字路口，错误决策将导致毁灭性的长期恶果。

这些领导个人的工作习惯和经验与他们需要作出的变革决策步伐并不一致。有些管理者一段时间内完成一个大的战略比同时处理几个小的运营问题更容易。有些管理者更理性而非感性，是从技术岗位调任来的，现在被要求去做一线员工和销售管理工作。还有一些管理者主要的压力来自于一些员工，那些员工没有工作经验，不能胜任工作，但又不能解雇他们。还有一些情况是，管理机制不适合领导风格和变革流程。这些管理者努力处理这些不合时宜的信息，也不断适应着他们作决策的方式。为此，他们要更加努力工作，这样在他们无效工作的环境中，他们变得很沮丧。

为什么有经验的管理者仍然需要建议

组织变革时需要帮助吗？当然,当组织变革发生在关联部门、业务部门,以及整个组织内部时,是需要帮助的。当不确定的选择需要明确结果,需要在快速、仔细分析和评价他人之间作出平衡时,是需要帮助的。当然要快速决策就不能仔细分析,多人参与决策会影响唯一决策的作出。当面临压力时,要仔细进行思考并找到别人参与决策很难,但这一时刻却需要快速作出决策。

在这样复杂的条件下,没有哪位领导总能知道应该做什么。怎么做也不能确保下属像自己一样对管辖事务负责,即使那些曾成功带领公司走向新高度的领导也不敢对此非常肯定。没有人会在所有情况下都是知识丰富、明智、果断、有足够经验的,不能解决所有需要处理的问题。那些曾在成功的公司中工作的管理者很容易因为自己对成功的贡献感到自豪,即使这样,他们也不能解决所有问题。他们只是掌握了基本的变革需要,他们可能会继续采用这些用过的好用的方法。

在那样的情况下,管理者应该及早意识到自满或抵触的倾向,但常常管理者把时间都花在规划未来和日复一日地组织运营上。管理者应当指出并能控制变革要素,要使员工感觉到自我价值,还要处理日常管理工作和突发事件。因为管理者在有限时间内需要做的事很多,就需要有人给予帮助,评估如何为变革做好关键的人事准备。有经验的管理者的

第一章

需求与新任管理者的不同,但他们的需求都是迫切的。

两类管理者希望能自己处理好变革。他们将借助过去的成功经验树立起自己的领导风格,并从过去的失败中吸取经验教训。但要使组织面貌全然一新,就要看他们的决策、战略选择、管理下属团队适应增长复杂性、扩充队伍的能力,以及在其他成功的变革中是如何行事的。他们还要确保新人适应自己的行为方式,适应他们控制的系统和流程,还要保证中层管理者和下属与他们协调一致。当所有这些情况同时发生时,管理者需要确保以往运转良好的情况保持下去,同时掌握新技术。简言之,因为不熟悉环境,就需要帮助,以在第一时间应付挑战。成功的增长需要管理者,而掌握新技术需要缩短时间。

一位新领导在工作中有很多东西要学,但要面临巨大的学习障碍。如果新领导是从公司外部聘任的,他最初就别想指望任何人。在下属了解你以前,你很难轻易获得企业发展的准确信息。大多数人只会告诉你愿意听的话,或者告诉你对他们观点最有启发性的想法。忽视那些能给你提供可靠信息的内部顾问,将使新领导处于被动的地位。

另一个障碍是来自管理者自己。下面看一个来自不同行业新公司领导的例子。他遇到了一个新的没有帮助的环境,还需要重新安置家属,要满足他们的新需要,同时面临新挑战。工作中他需要了解一系列新产品、新客户的需求,还可能要学习新技术。管理新老板、下属的需求是前所未有的,同时要知道新的雇用决策是正确的。由于第一印象非常重要,但压力却使第一印象不起作用。

正确使用帮助可以缓解压力。对一些人来说,最优先的帮助是区分什么是马上要学的,什么是需要等待以后再学习的知识。对另一些人来说,帮助是用来度量政治环境的,他们需要知道别人眼中和耳中的世界。有时,最优先做的就是与那些值得信任的人讨论谁能帮助辨别目前的选择。

帮助的悖论

事实上,和我交流的大部分管理者都在寻求帮助。有些人曾经非正式地同退休的高管面对面地交流过;有些人寻找他们认识的商学院教授的帮助;有些人找到一些咨询公司和律师事务所的高级合伙人帮助他们;还有些人的建议来自董事会成员、同学、下属、捐赠者和朋友。

最初看来,每类人都很有帮助:退休的高管知道组织的能力和障碍,知道如何面对类似的挑战;董事会成员熟悉组织和领导者;管理中心的人能够站在组织和他所影响的领域的角度上看问题;投资人或朋友是管理者能敞开心扉、说出他们的希望和忧虑的人;律师和咨询师一般是要收费的,因此他们可以从客观的角度发表意见;来自其他组织的人能帮忙解决同样的问题。

进言者的不足

管理者大都对他们得到的建议都很不满,所有人都会列举出他们沮丧的故事。前任老板的行为似乎表明他还在继

第一章

任;学术专家为复杂问题提供了简单的理论。同学大部分从事相近的工作;董事会成员缺乏相关的经验,他们不熟悉组织的情况,很难找到企业适应的文化,和需要的运营措施;信任的朋友能够给予同情,但是与他们所处的环境相去甚远,很难提出有效的建议。顾问和律师容易把思维局限在一个特定的领域,或者提出的建议不是很实际,他们往往提供的是市场和销售方面的技能而不是建议。有些人依赖于他们的经验而不经过严肃的分析过去曾遇到的情况来帮助解决复杂的问题;有些人的教育背景比较好,但是没有什么经验,更依赖于分析模型,他们排斥否定比率分析的现实情况;有些人愿意倾诉而不是倾听;还有些人倾听了许多意见,但是不愿意行动。

当一个团队面临挑战的时候,这些领导很难发现可行的解决方案,也找不到太多人能帮助他们实现设想的解决方案。管理者在这样的情况下陷入了困境。任务很多,不能立即解决的后果包括:不能制定变革的议程,诋毁了组织的价值,也可能会破坏组织文化,还可能破坏管理者的诚信,毁掉他个人的整个职业生涯。但是他不可能自己完成这些工作,特别不能靠个人能力去满足组织日复一日运营的需要。那他们应该怎么办呢?

对上述观点我最初的印象似乎是矛盾的、不令人信服的。但是最终我逐渐开始认识到,并且相信,存在着帮助的悖论。尽管这些高管能得到各种帮助,包括一些收费很高的专业人士提供的帮助,但是高管们最终还是得不到他们需要的帮助。

建议需求方的弱点

这种帮助的矛盾直到专业的提供建议者提出恰当的建议时才能得以解决。对于管理顾问需要的有效和可靠的建议来说，目前的环境并不恰当。目前，没有必要的提供帮助的行业调查机构，没有合格的程序，没有需要培训的项目，也没有组织顾问。

事实证明传言是对的，有时进言者的确让管理者比较失望。我开始自问这是不是顾问不能提供帮助的唯一原因呢。长时间以来，问题越来越明确了：不是这个原因。咨询行业的客户如果不改变，咨询业就不会发展。因为进言者和建议需求方的不足，所以很难知道正确的帮助是什么。简言之，那些想要得到更好、更可行意见的高管必须成为好的建议需求者。

要从花费在建议中的时间、努力和金钱上得到价值，需要做什么呢？建议需求方应当知道他们需要什么，也应当知道如何判断他们得到的信息。还要知道他们如何采用正确的行为和态度采纳建议。换言之，他们必须明智地知道如何做好准备，并从他们得到的帮助中有所收获。下面的章节中我们会讨论这个问题。

三个基本建议

本书写作采用了一些基本的建议。第一，当组织采用基础方法实施变革时，成功依赖于发现并充分地利用来自组织

第一章

内、外部的最有效的建议。但并不是所有建议都能帮助实现这一目标。要真正有效,建议必须是可行的(能促成有效行动)、及时的(因为成本原因要快速变革)、持续的(不要依赖于未来的帮助就能顺利实施)。

第二,管理者本身有义务去了解自己需要何种帮助,去挑选能提供帮助的顾问。往往管理者找不到合适的顾问,这应当归咎于他们自己。他们常常发现自己陷入接受建议的陷阱中。这些建议对别人来说可能是显而易见的,但对他们来说是隐藏起来的。这些陷阱造成了错误判断和错误假设,会引导组织走向错误的方向。

第三,很少有管理者能广开言路,或能成为真正的意见听取者。他们在为寻找最有用建议做准备时,不能对建议加以分类,也不能掌握建议之外的技能。结果是,发现并找到正确的建议常常是要靠运气。

这三方面建议能起到什么作用呢?大部分管理者面对的挑战都是不能充分利用他们所需的优势。一个原因是他们没办法评估自己的建议需求,也没有可供参考的框架来回答尖锐的问题,以使用帮助。问题在哪里呢?最根本的问题如下。

> 我应该寻找何种类型的建议?
> 做准备前我应该指出自己的哪些情况呢?
> 我如何理解自己的建议需求?我意识到了自己接受建议的态度吗?这种态度在我需要帮助时影响我的

判断能力了吗？
- 通常建议采纳的陷阱是什么？有什么先兆呢？
- 能给我提建议的是什么人？
- 我选择进言者时，哪项标准最有用？
- 如果某人在一方面提供的帮助很有效,我如何确定他在另一方面的建议也很有用？
- 如果一个人的帮助不够，管理网络顾问的关键是什么？
- 能恰当采纳建议的人与他人有什么不同？

要成为明智的客户，管理者需要两个基本工具：采纳建议的框架和对好建议的理解。本书能告诉你这两个工具。第二章将开始探索管理者在采纳建议时通常达不到满意效果的原因。

第二章 管理者为何不能成功采纳建议

有一种病症叫做刘易斯和克拉克综合征。每位管理者都有这种症状,他们都知道,如果组织想生存下去,就要做一些打破常规的事。因为自己总面临着危机,或者在加入组织以后,他发现组织的情况比外界传言的差。或者组织正在发展中,每年都能成功地经营,这时组织领导者也需要考虑发展中的问题,并考虑壮大组织,更好地发展组织。

在所有这些情况下,作出变革的决策使管理者陷入恐慌的境地。如果失败了,对于员工和客户来说需要付出的代价都很大;而对于管理者来说,个人名誉依赖于员工和客户。在野外生存要面临不确定的天气、天敌等情况,明智的探险者会通过带着有航海经验的专家和技术专家等措施减少不确定的风险。在旅行中,他会雇用熟悉当地习俗的、能顺利前进的向导。但是当管理企业时,特别是管理复杂的企业时,管理者常常不能在正确的时候采用正确的建议。这是为什么呢?可能由于企业变化难以预测,因此就很难预测所需

第二章

要的帮助。也可能由于管理者自信在不需要帮助的情况下也能成功。

来自内部的建议是如何与来自外部的建议较量的呢？两种建议都是必要的。在战略方面掌握信息的管理者能为变革的内部支持提出关键的建议；外部建议者的经验和学识也是必不可少的，他们所处的领域对于组织来说是全新的，当管理者需要非参与者的客观反馈时，来自外部的建议尤为重要。

当管理者需要帮助时，是什么原因阻止他们使用顾问？当管理者需要建议时，如何从茫茫的信息大海中找到正确的建议？管理者通常需要回避哪些错误？哪些错误是可以避免的？本章将通过五个案例的研究回答上述问题，阐述典型的接受建议不当造成的失误，我们隐去了案例中公司的真实名字，但情况是真实的。下面分析建议的含义。

"这是唯一的机会"

戴夫（Dave）几个月以来一直顽固地想成为一家著名企业董事会招募的新人。最初，他认为那不是最合适的机会，他告诉寻找顾问的高管们，他10年以来一直努力工作，为获得首席运营官的职位，结果凑巧得到了目前公司CEO的职位。那位寻找顾问的高管说他的客户——新公司的主管领导，对戴夫评价很高，提议与戴夫共进一次非工作午餐。

两个月后，戴夫签约成为新公司的CEO，明确在18个月内成为董事会成员。他认为："有两件事要做。第一，我能通过正确的途径成为CEO，但是重要的是我要如何成为董事长。第二,董事长和高管领导给了我很多时间,他们请我来就是想让我当CEO,他们很明确,如果我做得好,就能成为董事长。如果我不能胜任,肯定是我个人的原因,这是唯一的机会,我必须抓住。"

戴夫发现做董事长就要在下列三个方面特别有说服力:(1)他接管的团队很强大且有经验,他们具备关键产品所需的技术知识。(2)公司在扩张向国际市场时有足够的信心,并具备优势。竞争者和分析家认为,国内成熟的市场本身不能满足投资者期望的增长。(3)企业业务开展良好,收入增加,没有剧烈的变革。这几方面表明,戴夫将有时间融入企业,并在了解未来增长因素之前就能了解企业文化。

图2-1 采纳建议的原则

> 广开言路,注意那些给你提供客观建议的人的想法,确保你能获知他们知道的,而自己却忽略了的内容。
> 不要根据别人怎么看待你的地位来作重要决定,那样做会误导或低估成功的决策。
> 建立建议网络,避免过度依赖那些你认为很适合你的建议,而忽略培养新能力。
> 有人提供帮助时,要接纳。不要羞于去寻找帮助。
> 当目标很重要,并且你愿意冒险去实现这个目标时,就要非常关注那些能提供帮助的人。

第二章

三个有怀疑的保留想法

戴夫一直很自信,但是有三位很熟悉他的人对他认为满意的工作持保留意见。一位是戴夫原来供职公司的CEO,他很想留住戴夫,但也对另一位董事的评论表示怀疑。这位CEO说:"他们告诉戴夫,最初进入国际市场者才是胜利者,但目前国际市场已经提高了准入的门槛。这里有两个问题,就是成本与利润都需要被考虑到。"CEO认为戴夫新公司的知识产权技术在美国是非常前沿的,在国际市场上也是革命性的。这意味着要筹资建立一种服务—产品培训的基础设施。他还认为:"我们没有办法从离岸市场获得资金,为了获取资金,可能会披露企业的收入状况,但是离岸业务要花很长一段时间才能取得利润。除非他们有些工作是偷着做的,我不知道。我告诉戴夫,那些背地里的事是可能发生的,这些所谓的强势策略将来很可能会导致失败。"

另一个想留住他的想法来自戴夫原公司人力资源总监。当戴夫遇到行政问题时,他总是出面帮助,在戴夫升迁中面临人际关系问题时,也是他给予了很大帮助。这位人力资源总监预测新公司的企业文化对于戴夫来说肯定会有些问题。他说:"我听说的情况表明你要去的公司存在一些潜在信息。我们也从那个公司招募了一些新人,但他们没在我们公司待多久,因为他们在处理人际关系的方法上存在问题。我们的员工并不信任他们。"他也对戴夫能否在新公司文化中得到帮助持怀疑态度:"我认识那里的人力资源管理人员,他们在

管理者为何不能成功采纳建议

这方面并不强。"

戴夫的妻子也对他的工作调动持有保留意见。在招聘程序中,新公司的董事长和其夫人曾邀请戴夫夫妇赴宴,戴夫对此次晚宴很满意,并认为那次会面很成功。但他妻子看法不同。戴夫后来说:"在我们回家的路上,我不断想他们是多么好的一对,并不断思考我和董事长的谈话。但是萨利(Sally)说有些不对劲儿,董事长给她的印象是有些太滑头了。她对董事长所说的话表示怀疑。我觉得她那种反映让我挺吃惊。但是她的确没有刻意表现什么,那种感觉的确是她的真实感受。我尽量不去想了。"

这三个人中有两个给戴夫提供了建议。原来CEO的意见并不诚恳:"戴夫没有向我讨教意见,我也不希望他讨教。但是我认为让他知道我所想的是很重要的。我这样做是因为我怕戴夫基于错误的判断,作出这样的决定。但是我没有谈及国际市场竞争的细节——要想在国际市场获利,需要时间。我怕那么说让他会认为我是'吃不到葡萄说葡萄酸'。因此我只是说他的选择是错误的,我希望他根据合理的判断作出决策。我告诉他我们公司为他的离职感到失望,但是我也在考虑什么对于他来说是最好的。他从来不会接着问我的意思是什么。"

戴夫在最后决定是否任新职阶段找过人力资源总监,询问他的意见。人力资源总监回答:"我告诉他,我不会直接指出应该做什么,但是会提供一种考虑问题的方法。从他在我们公司的经验来看,审查公司的行政环境不是他的强项,而

第二章

这时就应该更谨慎些。他作决策的一部分是需要谨慎考虑新公司的企业文化是否适合他。我认为那个新环境其实不适合他,他至少应当认真调查一下新公司的行政环境。"在问及戴夫是如何回答的,这位人力资源老总说:"他认为我说的原因都不是问题。他说那边的董事长已经和他谈了很多他的价值,事情已经板上钉钉了。他也和那边的人事主管会面过,已经搞定了一切。"

困难的开始

戴夫在新公司的头18个月并不顺利,情况比他想象的复杂得多。董事长对高层管理团队设立了目标,但是最初他忘记了告诉戴夫,至少还有两个人想要得到戴夫的职位。戴夫也从来没有问过这个情况。那两个高管是很强势的执行者,他们掌管着公司两个重要的部门。两个人都对戴夫的想法表示怀疑,几次他们都公然向戴夫挑衅。很明显,他们就是想成为戴夫的竞争对手,而不是忠诚的合作伙伴。几个月下来,其中一人离开了去接管一家小公司,并带走了公司的几位中层管理人员,其中包括一位行业中的技术明星。

戴夫还发现,他接管的公司的管理团队各部门间不能协作解决问题。他试图改进团队工作,但收效甚微。他说:"这是我不了解企业文化造成的。我试图更加信任这些员工,但很难。我知道,要改变员工需要花很长时间的原因是,公司高层缺乏公正。但我也不能对以前的做法做更多改变。"

戴夫最终完成了大部分的计划,但比设想得要慢得多。

他觉得可以在最初 6—9 个月完成的工作，结果花了大约两年的时间。如果公司雄心勃勃地向国际市场扩张的计划能成功，董事长将会非常满意。但变革的速度和惊人的成本验证了戴夫原公司 CEO 所说的问题：快速扩张就需要培训劳动力，而这就要有所花费，还要产生其他不可预期的成本，并且还需要引导不需要此类商品的消费者去购买产品。这些问题都延误了预期利润的增长。为了弥补不可预计的并向投资者承诺过的收入，董事长向戴夫施加压力，让他降低成本，并且在他认为合适的时机向国内市场投放新产品。

在这段时间里，董事长根本不考虑他招聘戴夫时承诺的条件。此外，他曾同意给戴夫足够的时间安排好长期的规划，并承诺戴夫可以利用公司的价值，但这些却都没实现，这使戴夫很失望。戴夫说："我理解那些情况，且事情不像你想象的那样。我是按照董事长的意图作计划，但是大大降低成本会损害我们的未来。我对于引入新产品的想法很惊讶。"他沮丧地补充，产品未经过试验就出口的做法让他感到压力很大，这种做法是他以前的公司从未做过的。

戴夫在这个公司任同一职务、负同样责任度过了三年。董事长仍在位，他说自己要等到向国际市场扩张的想法实现了才退位。戴夫仍梦想着自己得到董事长的职位。当原公司 CEO 提拔了戴夫的接班人成为原公司的董事长兼 CEO 时，戴夫甚是消沉。

第二章

发生了什么情况？

　　戴夫花了很长时间来决定是否担任这个新公司高职，同时他的老板在让他留任方面说了很多，很少提及让他到国际市场闯荡。戴夫为何作出相反的决策呢？他怎样能正确对待面临的建议的呢？

　　三个最了解他的人从不同角度提醒过他，这样的机会弥足珍贵。他原来的 CEO（公认的客观的建议者）指出了他认为的错误逻辑。人力资源老总也警告过他公司文化和能促进成功的因素都与戴夫的领导风格不符。他夫人也对新董事长是否直率和真诚表示过怀疑。每种反馈都表明了潜在的问题。放在一起考虑，这些建议都在提醒戴夫多加思考换新公司是否是个正确的选择。

　　戴夫的妻子和 CEO 主动提供建议；人力资源总监也在等戴夫向自己讨教。CEO 和人力资源总监都试图在评论中持公正的态度，且避免缺乏公正。戴夫很显然对人力资源总监的建议持怀疑态度。他没听从 CEO 和妻子的建议，也没按人力资源总监说的做，没有认真考虑自己的风格是否与新公司的文化相匹配的问题。尽管人力资源总监提醒过他要留心公司政治，但戴夫似乎一开始就低估了公司政治方面的风险。他根本没考虑还有两个竞争同一职位的人。

　　这些能说明戴夫作为接受建议者哪方面的能力呢？他对听到的建议基本没有有效利用。即使在有人向他主动提供建议时，还是犹豫不定。特别是他与那两位强硬的执行者的关系上处理得很不好。离职的那位(可能因为戴夫已经被任命为CEO)使公司遭受了损失,但在某种程度上改善了一些竞争情况。目前在公司内部就剩一个竞争者了,渐渐地,障碍也就没那么明显。但戴夫不能改进团队工作,因为政治环境对他来说是不明显的,但对建议者来说政治环境却很明确。他不知道自己应当鼓励建议者提供反馈。许多人提建议时都会比较犹豫,特别是当采纳建议者和他关系一般,或者顾及到建议是否能被接受时,更会犹豫不决。如果采纳建议者通过改变主题,不专注倾听或者通过微小的肢体语言等表明他不想听时,大部分建议者都不会坚持再说的。

戴夫在新公司中没有失败。他获得了一些成功。当最大的问题出现时,他度过了最关键的18个月。[1]但他没有为了获得更高成就而换工作。而他在原公司工作的目的其实就是要获得更高的成就。他换工作是为了得到两个头衔——CEO兼董事长,去领导公司和整个董事会。这个目标对他来说非常重要,他鼓励自己说,现在比以前更接近这个目标了。由于出现了那么多问题,他不如想象中的那么成功。

不能完全考虑所有建议是采纳建议者的通病。另一个拒绝建议的情况是害怕负责任,就像丽塔(Rita)的情况一样。

"我可以自己做"

丽塔父亲去世以后,她接管了家族的制造公司。她从商学院毕业后就加入到公司中。尽管她哥哥已经在公司工作

第二章

了10年,但父亲还是让丽塔继承这份家业。丽塔说:"布拉德(Brad)和我父亲关系不好。很明显当我来公司时,员工都倒向我的一边,这破坏了公司的文化。由于人们不配合,也引起了引进新产品的问题。我搞得一团糟。这时,布拉德接管了销售和市场部门,他开始远离制造部门。"

丽塔注重公司的财务方面,通过迅速引入新的方法去偿付贷款,并管理供应商。当她和父亲一起花时间致力于管理公司时,他俩共享了经营之道。

> 我父亲是个很自闭的人。当他和我敞开心扉谈论公司时,我很惊讶,对他好感油然而生。他谈论了市场和他信任的企业领袖,以及我们的竞争者,还有我们的竞争范围。最后,他还告诉我,如何向祖父学习做生意。我祖父是移民到这里的,来时一无所有。他与另一个人一起做生意,但几年后还是失去了整个生意,因为合伙人偷走了所有的钱。我祖父不得不偿付他欠的债务,后来又东山再起。从那以后,他不再信任任何家族成员以外的人,并告诉我父亲不要对外界说任何公司的事情,也不要信任外人。一天,我们谈论起如何向一家工厂投资的问题,并讨论需要在生产中运用一些技术作出最根本的改变。我认为应当招聘一些能给我们提供建议的人,引入一些在商学院任教、能对这一问题很敏感的顾问。他那样看了

我一眼，差不多是瞪了我一眼。他说只要他管理着这家公司，就不需要顾问。如果我们需要帮助，用自己人就可以了。他给自己人付了很高的工资，他们对行业和业务都比顾问熟悉。我相信了。他对那些努力在公司工作的外人持怀疑态度，担心他们会把我们的情况和竞争对手说，或自立门户。而我们总是需要他们的。

丽塔努力熟悉业务，这成为她生活的主要任务。她在公司工作了几年后就离婚了，也没有孩子。在专业方面，她学会了谨慎的管理、对工厂高质量产品的设备的再投资、管理稳定的且有目标的生产流程。丽塔工作六年后，进步很大，但是她面临着更大的挑战。决策很复杂，她很少有时间去作决策。最有经验的员工正面临退休，由那些在公司任职很久的中年的下属接替工作。这一段时间中，年轻的员工纷纷离开，因为他们看不到升迁的机会。

两年后，丽塔父亲去世了。他的去世带来了人事的变动和专业人员的变动。丽塔也处于奔40的年龄，成为成功的拥有百万资产规模的企业领袖。但是公司仍然没有在管理开发方面有所投入，决策制定和战略制定一直都是由高层决定的，丽塔感到很孤独。

错误地寻找建议

丽塔父亲在遗嘱中表示让她接管公司，而她本人只是

第二章

想出售公司。但后来她还是决定承担CEO的责任。她说，面对的挑战就是保持公司的成长和在行业中的地位，同时改变运营方式以使公司在未来发展得更好。一旦她确定了这样的想法，丽塔开始寻求帮助。她父亲与那些丽塔认为对她有用的专家的人际关系不好，她也与顾问和专家没共事过。她自己很担心在她任CEO不久从外部请专家会削弱自己的想法，特别害怕外部专家会对那些有权威的公司元老有影响。她的高管们对公司很负责，她知道他们尊敬父亲，在过去经营中一直目标明确。她必须要赢得他们的信任。但她也知道，这些人不会轻易改变他们熟悉的创业风格。她要创立自己的风格。如果自己做不好，公司将会失控。

由于受到了父亲对外界不信任的影响，她求助于公司的法律顾问。法律顾问推荐两位本地的生意人和家族的朋友给董事会：一位是她父亲的大学同学，曾管理一家房地产公司，还有一位是银行家。公司董事会多年来就是徒有虚名，但法律顾问认为董事会也已成为丽塔得到帮助的工具。她很犹豫，尽管她对那两个人很满意，但仍不确信他们是否有辅佐自己的经验。经过最终分析，她认为维持公司成长责任在于自己，而非董事会。丽塔还找了一位以前商学院的教授，教授答应她带一些研究生来评估公司的战略和能力。在过去的12个月中，丽塔与公司都没像预期发展得那么好。下列三件事让丽塔很失望。

一系列错误的步骤

丽塔失去了收购一个领先技术的小公司的机会。这个小公司特别适合他们的情况。尽管她首先挖掘到了小公司的潜力,但最后这个小公司还是被其他公司收购了。丽塔很失望,并对自己很不满:该公司是通过拍卖的形式出售的,由于价格提高,最后丽塔不能接受而放弃购买。她并没有让高管介入,尽管高管们可以早些帮助她加速收购的进程。当询问原因时,她说:"可能是因为我想让他们看看我自己可以做到,让他们知道我能领导公司。"她试图自己完成此项收购,但却不能很好完成。

在她当CEO的那年中期,她开始关注生产率的下滑。她让CFO和制造主管分析原因,并评估他们反馈给自己的三个原因:设备加速老化、工厂日常管理恶化、卖场堆满了在产品。丽塔父亲以有序运营工厂而著称,如果他知道现状肯定很生气。丽塔对上述情况不确信,但对生产主管自上而下的控制方式表示怀疑,并认为缺乏对管理者的培训。

丽塔对得到的信息很失望。制造主管和CFO认为生产率下降的原因是有两位供货商延期送货和高昂的原材料成本。他们把在产品库存当做不可避免的,更多不可避免的在产品造成了更多的库存。对于设备老化,她获知一些机器的问题时好时坏,还有一些设备正在检修中,一旦修好了,问题就会解决。当她询问是否一些预防—维护程序可以阻止这些情况的发生时,制造部门主管不乐观地告诉她要视情况而

第二章

定。同样,当她问及工厂日常管理,制造主管似乎认为那并不重要。她知道,制造主管对她强调的问题并不很在意,但没直接表述出来。

还有一件事。当丽塔任CFO时,她提出了一种提升财务绩效的战略程序和能按要求完成的年度计划。她父亲对此大加赞赏,这一程序被列入每年的日常工作。年度计划应当是特别制订的,但竞争者却抢占了市场份额,她和其他高管都不理解原因。在开过计划会议后,她一直不快。丽塔觉得是计划不够周密,他们很草率地向竞争对手透露了情况。也可能是新观点和创造力的不足。她需要新方法来使计划更周密,但很多高管提交了雷同的计划。

丽塔把情况和两位新董事说了,但是很显然没人能告诉她应该怎么做。这一时期,研究生团队提交的分析报告和公司会议计划没什么区别。丽塔希望她的管理层在听到客观的反馈时,能意识到他们交给自己计划的缺陷。但是这些研究生们还在致力于研究很表面的问题,并没有关注潜在的问题。他们强调存在信息共享和内部合作问题,却没有采取有效步骤。当管理者开始反对他的意见的时候,丽塔意识到正如自己说的:"信息将会在正确的传递途中丢失"。

丽塔在接管了公司后便开始"长途跋涉"。因为她找不到能有效利用的董事会,她发现对原来的企业进行重新整合很方便,也很有建设性。在她任CEO的第一年底,写到:

最大的问题在我而不在于公司。我能做好是

管理者为何不能成功采纳建议

因为父亲已经安排好了一切。我的工作就是看他们运营公司就可以了。我需要对那些工作负责吗？我听说，一位好的领导把任何环境都当做领导力的案例研究场所，他们在表面现象外寻找隐含的管理思想。就像用很多乐器一起演奏，要注意到指挥如何让各种田园曲一起演奏，那样的曲谱超出了人们认为作曲家创作的范围。我能那么做吗？

不能收购那家小公司已经使我大加失望，那是我的错。我能控制的事却没有做好。最大的错误就是我自己大包大揽所有工作，还有一些其他的业务。我将从发生的一系列情况中学到很多。我今年遇到的最大的问题就是对情况了解不充分，也没有足够的经验知道自己应该做什么。我没有自主解决问题，也没向其他高管求助。他们本来可以帮助我，但我却把他们拒之门外。我就是想让他们看看我能管理好公司。当然，那让我很沮丧。离开他们我不能管理好公司，当然他们也不是特别尊重我。

发生了什么情况？

为什么丽塔的第一年就不成功？丽塔比戴夫更注意自己，并且对自己的认识比较清楚。在做CEO之前，大家认为她勤奋、聪明并且有创新精神，能领导公司。很显然，她是公司成长和获得不可预期成功的关键。她也正确地分析了公司要保持成功需要做什么，并很快意识到她不能自己完成所

第二章

有这一切。但她在做 CEO 的第一年,对个人的成就和公司的发展并不满意。这时需要求助什么方法呢?

自我怀疑使得丽塔在她需要帮助的关键之时变得动摇。由于丽塔的领导能力的优势和劣势,当公司面临挑战的时候,她没有发现自己需要建议的类型和内容。丽塔承认一些高管在并购中能帮助她,但是如果自己求助他们就会暴露出弱点,削弱自己在他们眼中的领导权和地位。对于她来说,他们的介入是否能把项目做成功是不确定的。如果他们有不同的想法,那么即便她的信任遭到了削弱,也可能是明智的。但是丽塔在制造主管汇报生产率下降问题时没有听取意见,因为她觉得那样会让他们觉得自己就是老板。制造主管表示出轻蔑,甚至不服从,其实那时他应该提建议。

她的第二个错误就是任用了缺乏经验的管理者,并造成关键领域的复杂情况。所有的新董事会成员在丽塔采取的重大的、复杂的措施方面都没有面对这些困难。他们是忠诚的,很关心丽塔的发展,但他们的经验却不允许他们成为合格的董事或提供建议的专家。如果能在董事会中引入第三方就更好了。如果能够找到一位在任的、情况相当企业的非竞争对手公司的 CEO 来公司帮忙那才完美呢。

在需要有经验的专家时,却采用研究生,也是一个错误的决策。只有采用 MBA 团队成员的介入才是一个正确的选择。对于一个有经验的企业,MBA 们的热情大涨,他们会经常询问基本假设中的问题,这就造成了需要对已认可的做法和习惯的置疑。但最初采用研究生的最主要原因是要给他

管理者为何不能成功采纳建议

们学习的机会,而不是解决重要的问题。丽塔要求回顾公司战略和能力的做法是正确的,但是让那些要学习的研究生来完成这项工作无异于浪费机会和时间。其实比较好的方法应该是雇用最好的战略专家,让他们安排研究生完成团队工作。

另一个采纳建议的通病是,领导者往往在他们认为比较信任的领域寻求帮助,而并不一定能找到提供帮助的最好途径。下面看看巴里(Barry)的例子。

"我更注重战略而不是公司政治"

巴里在他45岁时加入了一家电脑设备和软件开发公司,担任执行副总裁,很可能成为CEO查克(Chuck)的继任者。查克认为自己在两三年退休后巴里能成功接任,因为他有良好的背景。在取得了数学博士学位后,巴里在一家大的咨询公司工作,并和一位合伙人创办了一个新的分析模型数据库。这个数据库卖给了一个小公司,而那时巴里在这个小公司中担任技术和业务发展副总裁。由于巴里给查克留下了深刻的印象,并且查克对巴里的企业家精神很欣赏,虽然巴里从未在像查克任职的那样的大公司中工作过,但查克还是把他挖了过来。查克相信,自己可以教巴里学习管理大公司的所有事情。

在查克的领导下,公司成为行业的领头羊。公司最初只是一家中等规模、值得尊敬的、独立的公司,员工收入一般。在查克担任CEO的两年中,情况大为改观。在过去10年

第二章

中，公司发展迅速。当查克和董事成员确定退休时间时，主管和政府机构领导让他们作出继任计划和退出战略。查克知道公司内部没人能胜任，因此他告诉董事会他将调研去寻找可以成为副总裁的人选。他将和那个新人共事两年，如果没有竞争者且董事会同意，他将安排一切。

竞争和组织障碍

巴里加入公司几个月后，查克让他摒弃头脑中现有的一些东西。他很快就让巴里介入决策程序，巴里可以很好了解查克制定决策的思维。巴里在头一年的总结会中完成了思维的转换。

6个月后，巴里在一线工作的一些方面如鱼得水，但在另一些方面还是遇到了些困难。公司管理层认为本公司在行业中是最好的，很多人都不觉得巴里是公司不可或缺的人物，特别对他成为指定的继承人有疑义。即使众所周知巴里是最理想的人选，但很多高管还是在测试他。查克对高管的行为并不惊讶，至少他们中有一个人想和巴里竞争。查克说："一个充满竞争的环境有它好的一面，但是我们内部人之间竞争而不是与竞争对手竞争，其实是在浪费时间。"同时，查克也承认，他也巧妙地鼓励竞争者看巴里是如何处理一切的。查克说："我想看到他是如何被测试的，他不得不面对这些家伙，如果他现在不能处理好，那么当然也不会胜任做CEO的。"

巴里对此看法不同。他认为查克建立的组织结构有问题。他觉得查克应当做更多事情，帮助自己巩固地位，因为查克还担任着 EVP 的职务。在新的组织结构中，他的权力很大。但那不是他想要得到的职位。查克合并了巴里管理的软件发展、新产品开发、发展新的联盟、新兴市场技术的商业化，以及跨部门产品线项目开发的中心项目管理办公室。同时查克又合并了几个市场部门和公司销售部门，建立了一个大的、有权力的市场—销售部门。为了运营这个新部门，他设立了 EVP 的职位给雄心勃勃的另一位高管——乔治(George)。乔治也曾表示过他想成为查克的继承人。

查克作出这样的调整有三个原因。首先是为了减少向自己直接汇报工作的人数。公司的结构一直都是扁平的：开发部门、市场部门、销售部门和其他职能部门都直接向查克汇报工作，这样的安排使查克在每个部门都有很好的支配权，同时防止了管理权利的过度集中。这种机制对公司来说很不错，促进了生产量和利润的增长；对查克来说也不错，避免了任何对他权力的威胁。但为了自己退休后做好准备，查克觉得他还要建立一个高管层的管理小团队。

改变组织结构的第二个原因是，他们希望通过内部发展和建立联盟来增加新产品的数量。查克还发现需要巩固某人的控制权，那个人可以集中精力完成任务。第三个原因是为了验证巴里在复杂的企业中成功工作的能力。而这样的组织是查克认为未来企业发展的方向。如果巴里可以通过不直接领导市场和销售部门的方式，就能良好运作公司，也

第二章

就是说,巴里可以不通过上下级关系就影响乔治,那么他肯定可以管理好整个公司。然而,巴里想的是希望查克可以做一些事情来帮助自己在成功的道路上更容易一些。他认为成功完成自己的运营目标的必要一步就是要使乔治的权限归自己所有。

巴里对所处环境的看法

巴里在公司任职的 6 个月后告诉我:"我知道自己可以胜任公司的工作,达到要求,但我背后有一只手一直束缚着我。乔治希望我不成功,因为他也想成为 CEO。如果他不能实现销售目标,他可以说是因为我不能及时提供产品。"我问他为什么查克改变了公司的结构。他说:"我觉得查克根本没有改变,他是个聪明人,一直都在观察我,不过他的观察是不定时的。如今,不能区分开发产品和市场两个方面的工作。其实,让两个不同部门拥有同等水平的人去处理问题,那肯定有问题,速度根本快不了。"

我问巴里他是否想过查克的目的就是看他是否能与那些不归他管理的人愉快的共事。巴里说:"我们不需要人际关系问题,需要的是比竞争对手更快地把产品投入市场,不管怎样,我不擅长公司政治,我更精于公司战略。如果我能得到完成工作所需的东西,我不需要关注公司政治。我们应该做更伟大的事业。"

公司的 CFO 认识到了巴里对公司潜在的优势,也了解到了人们接纳他的障碍。这位 CFO 对乔治很了解,也知道

管理者为何不能成功采纳建议

他的野心和风格,使得他与巴里相处很难。作为查克的亲密进言者,她参与了招聘巴里和制定新的组织结构的工作。当新的公司结构步入正轨一个月后,她找到了巴里询问工作情况,并询问是否需要一些帮助。她后来回忆到:"特别简短的一次谈话,气氛融洽,但似乎巴里很惊讶,不知所云。"我问她是不是巴里没听明白她说什么,也不了解她能提供什么帮助。她说:"可能有点儿没听懂。巴里的话非常现实。他认为自己需要一些世界级的软件技术人员,并要找到能让我们产品准入的好的联盟。当我说我能帮助他时,是指我能帮他改善和乔治的关系、与查克的关系。因为我看到他被新的组织结构搞得很晕。但我不能确信他知道自己需要改善人际关系。"

当意识到公司常常需要法律顾问、技术专家和咨询顾问时,我问巴里是否他招聘外部人来公司工作,他说要聘请产品开发和技术专家,并认为寻找领导行业中最聪明的技术管理团队是查克的事儿。巴里在公司工作一年多后,查克准备在12个月内退休。乔治已经超额完成销售目标,并掌握了一些地区外的销售权。巴里也完成了他管理之下的目标。但比查克期望完成的开发新产品的目标要延迟一些。由于巴里和乔治缺乏合作,影响了他们下属之间的共事。巴里可能会比查克在任时做得更好,但情况不一定像他想的那样。因为乔治的竞争地位比预计的要更强。

第二章

发生了什么情况？

对于巴里来说,公司政治是他的盲区。他没有意识到人际关系会决定职业生涯,特别是高层的管理者更需要人际关系。查克把巴里处理和乔治的关系作为验证他成为继承人的任务。这对于巴里来说是很不落俗套的方法。巴里认为只有可以控制的指标才是最重要的,例如向销售部门提供的产品,或者跨部门项目目标的有效性等指标。

巴里的第二个盲区是他不知道如何倾听接近他的人的反馈,也不知道如何正确作出反馈。他常常错误地认为别人知道他想了解的问题。他也未意识到他与别人的关系,忽视了别人的感受。[2]这样就影响了自己倾听他人的反馈意见,导致了目前不佳的人际关系。他的性格影响了进言者;巴里很少向建议者和汇报者反馈。[3]

巴里非常聪明且自信。他对成功、控制权的苛求和对自我价值实现的渴望,使他在这个公司中很容易成功。[4]他也对所有对自己和公司重要的因素都了如指掌,例如他非常熟悉产品、技术和市场。但是如果他不能被选为查克的继承人,那么最可能的原因就是他的人际关系处理技能有问题。为了提升他处理人际关系的能力,他需要在三个方面努力。(1)要意识到自己的行为和情绪怎样影响他和其他人的关系。(2)要知道当采用感性而不是理性的期望时,会影响他的行为。(3)能够接近别人的能力。查克和巴里交流过他的缺点,并鼓励他找寻能帮助他的人。巴里如何找到并运用正确的建议呢？让我们看看我们所知道的他找到帮助的过程。我们发现了两个与建议相关的问题。

巴里没有充分地分析自己所处的环境。他的实力让自己认为组织结构阻碍了自己取得期望的成功。他可能是对的。但他没有理解，尽管一流的运营绩效对公司来说非常重要，但那只是查克的目标之一。另一个目标是要测试巴里在查克认为最符合公司发展的环境和结构中巴里的工作效率。巴里领悟了他的帮助需求的一个方面，就像他寻找到了好的人际关系。尽管巴里很快就寻找到了最好的帮助，他采用的建议者是技术方面、软件开发、程序管理和风险—并购分析方面的专家。这些专家没有一个能帮助他解决最困惑问题的：形成巩固的人际关系，并影响非正式的上下级关系。巴里最紧迫的需求是要理解他将要领导的企业的文化，并掌握成为查克继承人后需要做事情的技巧。可能他目前最重要的资源就是来自CFO的帮助。这位CFO是巴里上级最亲密的进言者，她在公司中很有影响力，对人际关系也很敏感。她试图去帮助巴里，但巴里不知道她能提供帮助，或者也不知道自己需要她提供什么样的帮助。如果她知道乔治可以超过巴里成为继承人，那么她也许就不会帮助巴里了。她不仅在帮助巴里，而且她也希望巴里成功。

"我知道我是对的"

韦恩（Wayne）正处于变动时期。他现在刚被一家日用品

第二章

公司聘任，而这家公司的董事长兼CEO刚刚确定了退休时间。董事长兼CEO和董事会成员都认为，下任领导应当是充满活力、有远见，并有很强的市场营销能力的人。这家公司多年来由于其信誉可靠、高质量的日用品而成长很快。收入和利润都在稳固增长。股东们都依赖着分红，员工和工会都依赖着稳定的工作。他们的发展模式多年来已经固定了。

但是新兴的一代消费者希望有新的、价格便宜且有特点的新产品可以更换使用，而不是一直使用长期可靠的旧产品。竞争对手得到了这个信息就开始作出反馈。结果使韦恩的新公司的销售业绩和市场份额都有所下降。为了增加销售量，CEO降低了最大众产品（其利润很低）的价格，这样影响了利润的获得。他还通过股票回购方式维持了股票的价格。这些措施使自由散漫的董事们注意到了市场份额的下降。公司的一些领导是CEO的朋友，董事会不能改变公司的运营和核心的运营规则。CEO认为公司不需要采用竞争对手采取的激进的做法，比如关闭美国的工厂，或者再融资而不是发放红利，董事会同意了。公司状况没有什么基本的改变。公司需要做的就是改善市场销售状况，这也是招聘韦恩来的原因。韦恩曾在一家大的消费品公司工作，被提拔很快，他在每个职位中都创造了新的纪录，是最有前途的领导接班人。如果他能像所说的和董事会认可的那样改变公司的市场状况，他们招聘他来就对了。

韦恩的到来是作为公司的二把手，他知道如果情况发展良好，在CEO退休后他将接任CEO的位置。最初的一两年公司发展良好。韦恩旺盛的精力、领导力和销售思想都是公司所需要的。他解决了公司部门间长期的纠纷、提拔了有新思想的年轻人,并雇用了一些有市场能力和品牌推广能力的经理人。在韦恩到来前,一些新产品就在研发中,他到来以后采用的市场策略、价格策略和产品定位策略,都使得产品很成功,给公司赢得了好的声誉和利润。

与董事长之间的紧张关系

　　气氛有些不对。董事长对于在离开公司前得给公司支付一大笔钱一直都没准备,他可是在公司工作了一辈子!董事会也没有考虑他个人退休后的问题。董事长知道,目前公司的成功要归功于韦恩,当韦恩得到信任的时候,他觉得自己受到了伤害,有一种妒忌的心理。这两个人关系疏远了。董事会却没有看见关系紧张的信号,但他们表面上还是两个人和谐共处。有些人对董事长比较忠诚,还有些人相信韦恩领导公司的远见。随着董事长退休日期的临近,紧张的关系增加了。

　　韦恩比董事长更意识到了紧张的气氛,他意识到了危机的存在。因此,董事长的自尊让他不接近韦恩;而韦恩的自尊让自己不向董事长寻求任何好的建议。董事长说:"我为什么默默无闻地做那么多工作,让他顺利接管公司?看看我这些年做的,公司股票比我来前涨了多少!"韦恩却认为自己接管的是一家不稳定的公司。董事长说:"不要过多地向业务投资。只有知道业务的好坏,才能使公司运转良好。投资

第二章

是财务问题,而不是价值创造的问题。"

　　董事长按计划时间退休了。韦恩很快就制定了一些措施,包括开展一项创新项目,和创建一个技术联盟,去确保新技术的执行。他在公司内部制定了生产程序,来减少成本以支付新项目的开支,并开始调研把这样的工作转向海外工厂中。韦恩还接管了他前任的海外合资项目的工作。这些工作的每一项都能潜在地推动未来市场的发展,但每一项都需要资本、资源和时间的投入。期间,核心业务的收入和利润会减少。韦恩没有修改他的股票回购计划,而是不断投入现金。结果,股票价格轻微地下跌了。为了重新分配海外的劳动力,就要作出当地工厂劳动力的调整,这引起了媒体的关注。

工作负担过重和压力

　　韦恩遇到的另一个问题就是,对公司未来的发展前途很担忧。尽管韦恩的愿景对高层来说是令人鼓舞的,但是也需要技术和专家帮他来实现,而现在他们中很少有人具备这些技能。曾经有外部的建议者告诉韦恩,目前他所继承的与他希望的发展状况不符。他理解那些人的观点,请一些人退休让出职位,任用了一些具备必要能力的人。同时,还是决定不快速地更换高管层,避免出现新老板大换血的事情的发生。这个决定就表明,他还要花费更多的心思,其实如果找到了合适的管理团队,他就不必这么操心了。他常常发现自己建议的方案其实是他的下属应当提出的。有充足经验和智慧的人太少,也让他压力很大,他们占据了韦恩需要的管理咨询专家的位置。韦恩在公司内部没有进言者,没人给他提供新想法、反馈和观点。

这样的情况对于大多数人来说不存在。他高效的工作风格没有改变,但是他妻子凯茜(Cathy)看到了他的变化。他有时三四个星期中连续工作18天,她说:"他要崩溃了,他周末都处于睡眠状态。"有时,韦恩表现出很沉默,他不愿意谈论任何工作上的事。这样她很着急,韦恩以前常常把妻子当做亲密的合作伙伴,她就是自己的个人顾问。但是她决定不再让韦恩说这些事了,原因是他太需要时间去放松了,当他准备说了,肯定又会问她的。

董事会也很不安。一些高管在韦恩接任的第一年和他保持着一定的距离,但是还有一些人也表达了由于股票价格不涨的沮丧,并公开支持公司破产。他们还抱怨,由于韦恩的出差,他们常常在需要向他汇报的时候找不到他。韦恩意识到了管理董事会的重要性,但是在董事会议上没有时间实际开展这项工作。他说:"我知道有位董事找我,但是我一周也没有回复。我需要对他的建议认真思考。但是,你们应该知道,我有太多的事情需要做,所有事情都比和那位董事谈话重要。当他致电我时,往往是不重要的事情。他们根本不懂业务。如果是个好的观点,常常是我已经想到了的观点。大部分时候是没有好意见,根本是在浪费时间。"

第二章

和董事会的摊牌

当主管告诉他需要第二天向他汇报时,韦恩正在准备一个即将召开的董事会。韦恩说他上午 7:30 到午餐时间有会。那位主管和他说:"那我 7 点去找你吧,不会耽误太多的时间。"主管的信息很简短:董事会对韦恩的信心大减,除非韦恩能改变他的做法。他希望韦恩撤销新产品的研发,推迟对海外工厂的投资,放弃进行海外合资的想法,把心思集中在核心产品的生产上。尽管核心产品的边际利润比其他厂商的少,但是核心产品是公司的优势。主管认为,如果进行更多的广告投入,并降低价格,销售量可以继续增长。他还告诉韦恩要制订一些项目计划,为下届董事会做好准备。

韦恩拒绝了董事会在自己背后的坚决的态度,目前公司的方向,不是完全按自己的想法进行的。整个计划被高层破坏了。主管说,各种抱怨已经传到了董事会的耳中,他当然不会说是谁传的,韦恩不要和下属说,当然也不要受影响。主管说,他有一种感觉,管理层觉得他们在销售韦恩的观点,但韦恩并不接纳。韦恩问主管,是不是所有管理层都同意你刚才的说法,主管说是的。韦恩说似乎你们已经不止讨论一次了,主管说他们讨论了好多次了。韦恩一天都很乱,无法集中精力工作。直到晚上他才想起来,原来董事会在背着自己开会,强行执行管理层的决定,还置疑自己的工作。他和妻子聊到了第二天早上。

管理者为何不能成功采纳建议

在过去的日子里,韦恩一直在反思自己的观点。他认为为核心产品投入大量的资源在未来看来将是个错误的选择,他的选择是避免长期、缓慢且平稳的业绩下滑的唯一途径。他相信如果他的计划或者类似的计划目前不能实行的话,那么公司后来也会需要这样的计划的。他还坚信,如果没有实质性的价值的增加,股票价格可能会暂时的提高,但是要真正增加股票的价格就需要开发国内市场所需的新产品,将旧的产品打入国外商场,要降低传统产品的生产成本。他确信自己是正确的。凯茜有两个问题。一个是韦恩是否应该和他的高管们商量自己的想法,让他们对自己有所帮助。韦恩说这件事是自己作为主席应当考虑的问题。另一个担心的问题就是,为什么现在董事会如此的活跃,并且关心着是否前任董事长的介入。

韦恩意识到可能前任董事长和董事会讨论过,并且假定是前任董事长提出的否定的观点,可能这些想法也是一些原来的管理者想和以前的领导保持联络的原因。前任董事长对把公司交给韦恩很不满,对韦恩的新策略表示出没有兴趣。当韦恩思考了那位主管和他说的话后,事情就明朗了——董事会和他不一心。有人建议韦恩把管理层更换成忠于自己、能分享自己观点的人。当他的战略到位以后,他肯定要做这项工作。他目前面临的一个大问题是:前任董事长的介入是否正确,他为这份工作费尽了心思。

韦恩觉得应该让董事会觉得自己的决策是好的。他对自己的营销能力很自信,所以他觉得能说服董事会。韦恩整

第二章

理了日程表，并用一周时间来准备召开董事会。在凯茜的鼓励下，他邀请了一位在他来公司前就给自己提供过建议的老朋友。他把自己来公司发生的一切都告诉了这个老朋友，还告诉了他想建立有朝气的联盟、推进新产品的想法。他又向老朋友描述了他和主管谋面的情况，以及明天开董事会他要说的情况。老朋友问他为什么他认为董事会将签署一项以前从没提及过的计划呢，为什么没有人赞同韦恩的计划呢？韦恩听到了问话自己很烦躁。他回答，真实的问题是自己没有抽出时间充分地向董事会讲解自己的计划，而一旦他说出计划，他们就会意识到计划很好。朋友告诉他："我觉得那是正确的，但是要是你错了该怎么办呢？"

韦恩回答："我没有错。他们知道需要我来运作这个公司，如果新CEO离职了，也没什么好处。当我说出计划时，他们就会觉得我是对的。"

韦恩在董事会上签署了他的声明。他成功地完成了这项工作，但是他是无可奈何地接受了这样的决策，并且浪费了家人太多的时间。

发生了什么情况？

韦恩策略的缺点在于他过于贪多、贪快，而没有征求他人的同意。而核心部门运营模式的巩固能够创造出产品扩张需要的利润。韦恩的工作压力和能处理工作的时间发生了矛盾。他的高管层不具备才智和必要的经验来完成韦恩的计划。他很明显自己承担了太多的事。但是企业过度的扩张会使符合需要的员工流失速度加快。结果,韦恩只能自己去准备会议后续的决策了。有时,一些决策来得太突然,他有太多的事情需要处理,就会让别人去向他汇报。结果就是,没有时间集中精力研究项目,也没时间和其他领导建立关系。

韦恩最严重的错误来自政治方面:他作为董事长从来都不能完全控制董事会。他从来也没有运作公共公司董事会的经验,他还需要在管理董事会成员方面学习更多的东西。同时,董事会和前任董事长工作不够负责。他们没有帮助韦恩稳住董事长的地位,在他任职后也没有提供好的建议。不考虑董事会成员的过失,韦恩是对得失最关键的人。如果他能做不同的决策,结果将会不同。

韦恩失去了在董事会中安排自己亲信的机会,也没能培养好继任主管。他能很好地激发员工,并且赢得了老员工和新员工的信任。他们大部分都被韦恩的远见所迷惑。但是,他忽视了主管层。因为不是他招聘的那些主管,他也没有尽到管理董事会成员的责任,没有使董事会和自己保持一致。他把充沛的精力放在了那些自己领导范围以外的人身上,和公司运营上,而不是董事会上。因而最后,连韦恩都认为自己更像CEO,而不是董事长。

韦恩忽视了和他的前任董事长建立关系,其实前任董事长可以在董事会中帮助自己。他知道最有权威的主管对前任CEO很佩服,他的前任可以帮助自己和董事们搞好关系。但是他没有寻求帮助,甚至根本没有问过如何和董事们搞好

第二章

关系。他在前进中很骄傲,他觉得自己不需要帮助而能管理好董事会。如果韦恩做得成功,那么他和董事会的紧张关系可以避免吗?也不一定能。他忽视了前任 CEO,就会造成其产生怨恨情绪,和更深层次的政治方面的误解。如果韦恩能把前任 CEO 列为他的建议网络对象,那么他可能就不会失去一些东西。

但董事会和韦恩的前任都没有帮助他,他们也没有阻止他得到所需要的帮助。韦恩的决策和利用时间的动议是他自己完成的。过于自信可能是他最大的错误。有时"我知道我自己是对的"的态度会影响领导者对待下属的方法,也会影响他做决策。如果他自己不能做好,那不仅会影响和下属的关系,也会影响公司的未来发展。下面看弗雷德(Fred)的例子。

"管理者需要为错误做好准备"

弗雷德最近接管了一家大的、知名的产品包装公司,这家公司正处于生命垂危之际。作为行业中的专家,弗雷德曾为一些大公司效力过,曾任两家大公司的总裁兼 CEO。他引入了一些新的品牌,这些品牌使企业成为行业的领袖,他还扶植了一些过去很知名的品牌。弗雷德认为自己比上司更有能力,他希望能在退休前验证自己的真实价值。在公司提供了董事长兼 CEO 职位后,他一举把握了这个机会,这家公司的董事会希望公司成为创新的领袖和易于融资的公司。弗雷德通过个人的销售渠道从竞争对手公司挖过来一些高

管理者为何不能成功采纳建议

智商的人士,他承诺在一年后给这些人很高的经济回报。不久,他就在行业中组建了一支人才济济的团队。

弗雷德对他的团队成员要求很高,要求完美的工作、准确的分析和不重复犯错误。同时他也不让这些人做自己做不到的事情。他对自己的精力旺盛、努力工作精神和关注细节的态度很自豪。这样的工作方式让人压力很大,所以他多年来努力创造幽默感,努力让环境轻松一些,他希望在最困难的时候团队成员不流失,团队是完好无缺的。

18个月后,弗雷德超额完成了计划。他挽救了新的财务状况,并且改善了和一些零售商的关系,这些零售商本来是要削减他们供货的比例的,因为该公司以前的服务很差,价格又昂贵。弗雷德向他们保证将来他们会提供好的服务,提供令人满意的产品,请他们保留从公司订货的份额。

单方面的决策

众所周知弗雷德希望引进新的生产线。他成功地说服了零售商就表明现在是时候引入新产品线了。为了确保那些认为太早引入新生产线的团队成员的支持,他向董事会施压,以奖励高管层一些股票为由。他希望这些激励措施能让他们没那么犹豫。事实上,弗雷德已经有目标了,不仅要采用新的生产线,他还听说有一家规模是自己公司一半的公司有希望被并购的愿望。他没有能力购买整个公司,但是他想得越多,就越兴奋。他在产品线上看见了机会,不适当的产品销售方式将会在市场和利润的追求中需要再次的融资,使

第二章

其向零售商提供的产品价格上涨。这样的做法会是转折时期重大的一步。但弗雷德认为不能那么做。

团队高层能信任他,这比以往任何事情都重要。弗雷德计划着在海外召开高层战略会议,会议最初在公司内部召开。离岸会议则在海边召开,头一天的半天都花在打高尔夫和钓鱼上了。那天的晚宴上,他筹划着和大家开玩笑。气氛很活跃,这样的环境能为高效工作打下基础。

如果弗雷德确信公司能够处理好并购工作,他的CFO也不会有想法的。这位CFO曾在另一家公司为弗雷德效力过,现在是弗雷德公司内部最亲密的进言者。弗雷德已经让他去调研其他公司的数据来分析并购的成本和综合利润了。CFO认为并购的效果不好:目前公司的信息技术和财务系统不能支持额外一个一半大小的公司的运营,并且弗雷德创立的企业文化刚刚走上正轨。CFO担心,并购可能会阻碍前进的进程。最坏的情况是,如果负担过重,公司脆弱的结构可能会被毁掉。由于CFO的态度很有说服力,弗雷德没有商量的余地。他认为并购是个不容错过的好机会,公司员工需要更加努力地工作,管理者需要为错误做好准备。弗雷德与另一家公司的董事长联系了,并联系了投资银行。

CFO还反对在海外市场进行并购。他认为弗雷德应当和高管层的每个人单独谈谈,关心一下他们对于并购得失的观点。CFO认为,与他们个人交谈会比较自由,比起开会能说更多的意见。可是又一次被弗雷德拒绝了。他说根据自己的出差计划算来,如果一个个地找高管谈话,要花费数周

管理者为何不能成功采纳建议

时间,那么可能获取并购权的风险就会增加。如果在海外战略会上交流,弗雷德就可以控制最终的时间,最后的决策将考虑他们的反馈。

惊人的反馈

在海外会议第二天结束的时候,在生产工作会议后,弗雷德提出了并购的议题。最初对他的提议的反映是沉默。弗雷德打破沉默说,这两家公司的产品非常雷同,他们能适应市场的发展,还说那家工厂可能是最适合被收购的,以及并购后的公司要如何运营。他说得越多,发表建议的人就越少。很多人都不发表意见,并避免和他对视。弗雷德最后不说话了,等别人发表意见。在几分钟尴尬的沉默后,人力资源老总提议先搁浅一下他的建议。他们可以以后讨论这个问题,到晚餐或什么时候再说。每个人都如获释重,会议结束了。人们分散着离开房间,并低语着。

在晚宴的时候,第一个说话的是市场部的总监,他非常支持弗雷德的想法。他用外交辞令说,他相信弗雷德的领导能力,是弗雷德使得公司有了目前强大的地位,现在要提前6个月考虑下一步了。弗雷德建议(一方面是不太自信,另一方面是要活跃气氛)团队成员要一起讨论公司的这个做法。他还开玩笑说市场总监的话是"问题"的前提。没有人笑。市场总监认为并购过程是一大步,公司还没做好准备。他说,明年的计划任务还是很艰巨的,每个部门都要努力工作,以实现他们想要完成的事业。

第二章

　　人事总监说,那样大的压力会导致企业的破产和颠覆。其他人也同意了。弗雷德也没有辩解,或是通过这个项目的价值来说服他们。他很高兴他们说出了自己的想法,但是还是感觉到他们隐藏了一些东西。他决定不再提这个话题,而是CFO说他在之前的调查中所看见的情况。CFO用他惯常简短、实事求是的方式阐述了情况。弗雷德其实希望他能充满感情地表述这些情况。在晚宴结束后,弗雷德很高兴已经把并购事宜提出来了,但是还是担心那些没提出的情况会造成的影响。

　　第二天一大早,人事总监在他们开会前再次和弗雷德会面了。他告诉弗雷德昨天他们开完会后,团队成员去了酒店的酒吧,他们讨论了公司并购的及时性问题,直到深夜。他们表示愤怒的原因是弗雷德已经聘请了银行家,并且在他们不知情的情况下就开始工作了。市场、销售和制造部门是受影响最大的部门,他们的老总都特别不满意。人事总监希望弗雷德能向团队成员表达他理解他们的苦心,并能倾听那天他们的发言,他希望听见他们对未来的疑虑。

　　弗雷德采纳了人事总监的建议。第一项议题就是企业是否为并购做好准备了。整个会议都围绕这个问题展开——如果决定并购,将发生什么样的情况?但是成员没有表达出他们因为没有参与决策制定的不满。弗雷德猜测可能是人事总监夸大了他们的怨气,并且由于昨天晚上的讨论让他们把怒气暂放一边了。他预见到反对的意见来自一些部门,这些部门需要更加努力的工作,但没有更多的资源来实现预料之外的工作。弗雷德要放弃海外市场的想法让所

管理者为何不能成功采纳建议

有的部门都比较满意。乐观地说,能完成任务的态度和努力的工作往往就是他取得成功的原因。下面一步并不好走,但他仍确信那是正确的一步。

操作中的小错误

6个月后,并购业务结束了。但是第二年还是没有弗雷德期望的那么顺利:核心业务的经营恶化了,销售目标没有实现,工厂的生产目标也没有实现。服务仍旧是个问题,大的零售商仍旧不满。为了争取到分析师的帮助,弗雷德由于想收购公司不得不采用了成本节约的手段。他对IT和财务系统的不利也很失望,这两个系统并不能准确地提供及时有效的报表,使公司及时作出调整。由于成本的提升、工作压力和工作转型,包括弗雷德在内的所有人都比以前工作更长时间。

第一个提出离职的是生产部门的总监,弗雷德一直都很看好他的坦诚。在他离职前,他告诉弗雷德,直到最后执行并购前11个小时才通知高层这个决策绝对是个错误,他们对此耿耿于怀。弗雷德回答说,如果并购成功了,那么人们肯定就会忘记了那时的不快。生产部总监说:"可能吧,但是还不是没有成功吗。"弗雷德低估了团队的不满,就像他低估了并购不成功一样。

销售部门的总监在几个月后也离开了,他对弗雷德仍旧采用两支销售团队的做法很不满意。弗雷德根本没有商量的余地,就把销售部门合并给了市场部门。IT部门的老总也

第二章

要离开,他决定回到原来弗雷德雇用他的那个大公司中去。他说,自己相信弗雷德的远见,但是建立产品系统的模块和程序目前都是缺乏的。他很高兴能为弗雷德的公司服务,他希望自己的股票期权和受限股票将能得到兑现,但他不再期望自己能够再做目前弗雷德期望做的工作。弗雷德认为的良好的团队在一年中分崩离析了。

在并购的两年半后,这两个公司还在相互磨合一起工作着。IT系统仍旧有问题,服务状况虽然有所改善,但仍然还有很多不足。一家大的竞争对手找到弗雷德希望购买他们公司。股票也没有像弗雷德想象的那样增长很快,股东最好的做法就是卖出股票。可以肯定的是,公司的问题能得到解决,但是弗雷德不想出售企业,但是也理解,他们目前的财务状况需要对股东负责。公司很快被收购了。当公司被收购后,公司的名称不存在了,其品牌也销声匿迹了。

发生了什么情况?

弗雷德的故事必须以这种方式结束吗?可能吧。在他来公司前,公司管理很差,在他的承诺实现前有很多工作要做。有需求的公司有资金、专家和所需的管理经验。另一方面,公司不需要在特殊时期被出售。弗雷德在某种程度上希望被出售,因为收购公司可以增加市场资金,用以开展并购业务,为自己和他人获取财富。但他没有看到未来五年的前景,目前收购的代价很大。因此,弗雷德要购买公司的工作是不必要的。如果没有收购公司的干扰和压力,可能公司利润会不错。

弗雷德的故事简单地展示了一位过于表现自己,并且在应当收敛的情况下过于乐观的人的例子。前面已经说过弗雷德和他的团队接管了一个问题公司,并努力生产出好的产品。每个观点都是从商业的角度表达出来的。但从领导力和进言的角度来看,结论则不同。弗雷德低估了自己在复杂计划下将遇到的困难。特别是,他错误地判断了高层的反馈和他们在不知情下的愤怒程度。弗雷德曾经是一位卓有成效的管理者和成就多于失败的领袖。这使得他有些自满,忽视了面临的业务中的人力资源和政治方面的问题。

但即使在他初步受挫时,他的两位下属的建议也能使糟糕的情况有所缓解。CFO建议他和每位高管逐个谈谈,那样他们就不会感到自己被忽略了。第二天早上在海外会议上,人事总监建议他邀请团队成员对话也可能减少他们的不满。弗雷德采纳了人事总监的建议,但却没能通过谈话缓解矛盾。

如果弗雷德听取了上述的建议,结果会不同吗?可能,毕竟他们并不反对收购,他们只是觉得收购为时过早,因为目前公司处于不稳定的状况中。如果过早提出,他们的不满情绪就会让弗雷德更小心行事,或者使其加速获得成功的可行性。另一个问题是原因在哪里:是弗雷德对听到的建议大打折扣,还是进言者没有积极表达观点?在我看来,双方都可以做得更好。但前提是领导者要能理解进言者的观点。弗雷德在让他们表达观点前已经下了

第二章

决心。弗雷德在传达自己的观点前没有错误。而在这一点上他本应该放慢脚步让自己的想法搁浅一下,并认真倾听团队的不满。

领导的五个错误:案例分析和实践研究

我们已经研究了五个常见的管理建议中的误区的例子。每位主人公都很努力工作,并很有技巧地解决问题,达到了良好的管理效果。但是所有人都陷入了采纳建议的陷阱,不能达成做好工作的目的。为了了解原因,让我们看看他们的错误,分析产生问题的原因。

戴夫:在想法不成熟前不能作决定

戴夫决定离开一家他能成功的公司到一个情况完全不同的公司中去。他花了很长时间才能了解公司文化和管理风格,其实这些时间本应该用在追求最终的目标上——尽快成为董事长兼CEO。如果他能注意进言的三个人的意见——他们对新公司的文化有所怀疑,他就应该知道风险所在和关键的成功要素。他的决策就会同样地谨慎,他本应该为新环境做好准备,可以以一个更好的起点开始。

戴夫忽视两个情况是不现实的:他被承诺尽快成为公司一把手,以及自己对这个决定的反应太快。他太希望得到结果的想法使其忽视了正处于谈判阶段的事实:而董事长正在招募那个戴夫最想得到的职位。但是最了解他的三个人已经提醒过他,这些建议后来证明是有先见之明的。其中一个人是他妻子,为什么戴夫不肯听取她更多的对主席的怀疑意见呢?原公司的人事总监本来可以帮助他找到答案的,当他向戴夫指出了新公司文化的不匹配情况时,戴夫忽略了他的观点。人事总监回忆道:"我开始以为他没有理解我所说的。但我觉得可能戴夫太想得到这个职位吧,因此他根本不听各种不让他就职的原因。"

戴夫违背了采纳建议的第一个原则:在建议者比自己更客观的情况下,要广开言路,特别注意他们的观点。确信你知道了他们分析的情况而自己却忽略了。能够广开言路。就需要知道自己为什么要追求一条不同寻常的道路,要客观、真实地面对自我。

丽塔:不要因为别人的误解而放弃寻找建议

丽塔在就任 CEO 的第一年中没有因为错误和错过机会而失去职务。但是她失去了管理者的信任,需要重新建立信任,这种关系使她远离了自己的团队。同时失去并购机会将会给竞争对手机会收购自己的公司。丽塔不需要他人帮助就制定了并购决策,使其错过机会去获得新的技术。这还导致了在讨论生产率问题时,制造部门总监的不服从行为。无休止的信任问题对于丽塔来说是很难解决的。

和戴夫不一样,丽塔在选求帮助的时候寻找到新的管理者,并且致电她商学院的老师帮助自己。但是她采纳建议的误区是选择的进言者(董事会成员和研究生)既不专业也没有足够的实践经验来帮助自己。丽塔错误的寻求帮助可能

第二章

要追溯到她父亲对外界专家的怀疑态度上。但是丽塔作那样的决定,是由于她害怕最高层的部门过于软弱,会过度依赖帮助。丽塔破坏了采纳建议的第二个规则:不从那些影响你地位的人的角度来看待问题、作决策。那样做会误导或低估成功的因素。最好的建议采纳者知道如果不采纳有用的建议,而一意孤行,注定是要失败的。

巴里:不要把建议者局限在自己喜欢的范围之内

巴里不能认清自己的地位和需求,因此他就会有一位不必要的政治竞争者,向他的上司说巴里可能不是最合适的继承人。CFO能认识到这种情况,并且要给予他帮助,但是巴里没有分析自己的需求,并且马上拒绝了帮助,他错过了CFO成为进言者的机会。

巴里错误的做法在于,他认为管理公司的政治方面不如技术方面重要。他把公司的政治方面看做无关的、分散公司经历的事情。他忽略的问题在于,他只认为技术专家是必要的因素。高层的管理者应当对政治很敏感,并且把政治因素作为很重要的一方面来看待。巴里对工作环境中的良好关系的不屑一顾使得他错误地理解了公司文化和上司的期望。这个误区使得他错误地理解了要成为公司高层必要的工作,因此也错过了自己成功需要的帮助。巴里违反了建议采纳的第三个原则:要平衡建议网络的关系。避免只采用自己认为中听的建议,要勇于采纳新建议。

韦恩：不要让自满情绪当道

韦恩的错误和其他领导者的不同，这个错误使他失去了工作。他错误地管理着自己的时间和金钱，没有把成功所需因素弄明白后就试图成功。他还忽略了强于自己的专家群体——董事会。韦恩还不清楚是否前董事长的意图影响了董事会，就不听董事会的意见，这使他成为"光杆司令"。韦恩努力影响并指导高管，他本来是能够赢得他们的理解和对公司目标的支持的。

韦恩错误的做法在于，因为他过于确信自己是正确的，于是他相信别人肯定能同他齐心协力。他对公司战略的弱点很清楚，他的描述也是很准确的。但是他失去了最重要的支持者——董事会。韦恩把董事会当做自己的下属，而不是共事伙伴。他处在继任的条件下，认为其他高管观点不鲜明，前任董事长妒忌自己。其实领导者在这样压力很大的情况下，是需要赢得所有人信任的，应当改变一些工作日程的。但是韦恩缺乏进言网络，内部和外部都没有进言者，这意味着他不能早期地预计到什么时候应当注意或修改自己的时间规划。因此，他最终不能察觉问题，导致了最后的命运。

韦恩的妻子，是他最初的个人建议的资源，比任何人都了解他。当自己令人兴奋的计划要执行前，他本应该去寻求妻子的帮助，但他没有。那时可能他也正给这些问题分门别类呢，正如凯茜说的，他真的需要时间去休息。但是他直到

第二章

和那位高管谈话后才和妻子讨论确实是个错误。她知道要把疑难问题摊开说是他的风格。仅仅把自己的想法说出来不能让计划执行下去。他需要和别人交谈，而不是需要休息。

为什么韦恩不向凯茜寻求帮助呢？他告诉她："我那时正在处理一些复杂的战略问题，要对一些复杂交易的细节保密。此外，我们在当地的工厂中都封锁了消息。这样的事情我不可能把它带回家里说。"韦恩忽视了一点，这些情况和其他情况都在影响着自己的判断。他和妻子讨论的潜在目的不是要解决问题，而是(1)倾听自己的观点，找到可能解决问题的方法；(2)缓解自己的压力，如果他说出来了，凯茜能指出他躲避自己的原因——因为压力过大。那时他已经不能清醒地认识问题了。

韦恩致命错误在于，他最需要帮助的时候——当董事会暗示他情况不妙时，他自己就该躲避开。他有条件地采纳那些内外的熟悉他的人的建议，在最需要帮助的时候，他还是没有用这些人。为什么呢？他不相信妻子的主要原因在于，他认为那是技术和战略问题，而不是政治和个人的问题，可能这是唯一的他不愿意和妻子讨论的原因。另一方面，他觉得董事会开会不叫自己使他处于很尴尬的境地，问题恶化了。韦恩违反了采纳建议的第四个规则：当有人帮助自己时，没有采纳他人建议。不要让自满情绪或者害羞心理影响自己。

弗雷德：注意那些支持你取得成功的人的建议

弗雷德欣然接受了并购一个竞争对手的机会，那样做能够使公司产量增加50%，并且提升品牌的价值。但是这样做会使以前制定好的战略失效。结果造成的压力使得原来团结的高层团队分化了，并且使弗雷德的公司为不成熟的收购创造了先机。弗雷德忽略了他的高管对并购的建议，虽然是他们造成了公司内部的不团结。他们比他更能理解他能改变公司的能力。

弗雷德太想证明他能迅速改变公司了，因此没能把握好自己，管理者们也尽力了。他过于自信，相信自己能在他们中脱颖而出。结果，他走向了一条捷径——拒绝再次思考，拒绝调整方向。让公司成为一个永动机，对他来说比完成股东期望和完成业务更有吸引力。这最终成了他个人欲望的导火索。他可能认为并购是最好的实现个人梦想——成为一个值得尊敬的、大的、知名公式的CEO——的方式。走在危机四伏的路上，没有帮助和支持，对他来说问题很严重。弗雷德违反了采纳建议的第五个规则：当目标非常重要，你需要冒很多危险去实现它时，一定要注意那些支持者的观点。

发生在戴夫、丽塔、巴里、韦恩和弗雷德身上的故事是那些在寻求组织基础变革中的领导者经常遇到的情况。这五位领导者追求的变革本来能够改进他们的公司。他们都是好的领导，但这些胜任的领导都缺乏对建议需求的概念的理

第二章

解。这使得他们忽略了警告的信号,尽管有人建议他们停下来,他们还是落入了变革的陷阱中。必要的变革、胜任的领导、有效的帮助,哪项是缺乏的呢?有下列四个提示。

> 建立采纳建议的核心规则;
> 找到合适的建议者,正确地使用他们的建议,以构建正确的方法、规则的框架;
> 区分好的建议接受者和差的建议接受者的类型;
> 能将规则和建议归纳成工具,以理解关键成功的因素。

第三章将提供一个确切的框架,为这五位领导指明发现和使用正确的建议的方法。

第三章 建议采纳的新框架

第二章中我们已经系统地分析了建议采纳的方式,讨论了五位管理者的错误,那只是寻找广泛的建议采纳方式理论的第一步。这章将从引入一系列建议采纳规则和建议框架开始,区分各种不同类型的建议和进言者。然后我们会讨论建议采纳者的特征和好的采纳者的技能——他们能够从所有的建议中充分使用帮助,并且找到那些最有用、能帮助他们成功的因素。本章后续将深入讨论基本规则,在下一章将会详细讨论其他三个因素的细节。

采纳建议的基本规则

成功地建议采纳者应当遵循下述四个基本规则。

> 领导的决策不仅取决于他接受的建议,而且取决于他和进言者之间的关系。进言者需要习惯领导者的风格和处境,并经常从自己的角度看待问题,同时从采

第三章

纳建议者的角度提出有建设性的意见。

➤ 不同类型的挑战需要不同类型的建议和进言者。领导要充分理解自己的需求,以便从各种帮助中选择最合适的建议。同时,领导要和进言者搞好关系,以使自己所得到的进言是所需的,是最可行的。

➤ 领导者通过明智和专业地使用建议,能体现出对追随者、管理者和其他股东的一些观点,而这些人正是领导者诚信的关键因素。

➤ 在最有挑战性的管理环境下,领导所面临的问题对成功有不同的影响。最重要的问题是政治问题或者是个人问题,而此时正确的建议是不可或缺的。

我们会在本章的后续分析特殊类型的建议和进言者,并且分析专业的建议采纳者的特征。之后,我们将详细讨论这几个基本的规则。

建议采纳的类型

当面临复杂的挑战的时候,领导者不能指望只依赖一种类型的建议和一个进言者。领导者面临着严峻的变革问题,能得到的建议的类型与他们的所面临的需求密切相关。

➤ 战略方面的需求与公司发展方向有关,最广泛的选择就是使公司兴旺发达。

> 运营方面的需求与公司的日常运营、程序和所依赖的系统有关,它需要以成本效率为最基本的考虑因素,来进行日常经营活动。
> 政治方面的需求与人际关系的特点有关,与内部的竞争有关,还与联盟、利益群体之间的关系有关。
> 个人方面的需求与领导者的情感要求、忍受压力的能力有关,甚至和他面临压力时的状态有关。

了解了这四种类型的建议需求,期望一个领域的专家提供另一个领域的有效建议,无异于让一位肿瘤学家去诊断感染疾病的病人,因为他了解病人身上肿瘤的特殊症状。明智的建议采纳者要能够意识到每种情况下自己的特殊需求,根据情况明确并管理自我的期望。

进言者的类型

需要提供的建议不同,也就产生了不同的进言者。但是他们不同之处不仅在于他们关注的问题和能力不同,不同的进言者在领导者改进企业的过程中充当不同的角色,因此与领导者的关系也不同。四种类型的需求表现出领导者在新的进展下的新需求。

专家能够为领导者提供深度的、特殊的知识,而这些领导正在寻求帮助,他们希望得到极大的理解以制定战略决策,并学习新的运营技术,还希望得到组织文化变革等方面的建议。他们正处于企业历史发展的关键阶段,处于变革之

第三章

时,有时他们正在强化自己的专业领域,或者在处于理论考验的长期阶段。

有经验的进言者曾经和领导者一样有过类似的经历,面临过同样的挑战。有时,领导者的前任就可以成为他的有经验的进言者。或者,有经验的进言者正在管理着一家类似的企业,也能从内部的角度理解领导者的情况,他们由于了解自己面对的、领导者期望的情况,因此有额外的优势。最理想的情况是,有经验的进言者正管理着一家企业,而这家企业是在领导者的授权下经营的。

专家和有经验的进言者都各自提供了知识和建议,这些都能够帮助领导者理解自己需要做什么。还有第三类进言者分享他们的技术,但是完成了不同类型的使命。他们就是合伙人。合伙人常常与领导者有信任关系,他们比专家和有经验的进言者都更能直接提供建议,并且能为领导者提供长期的建议。这种长期的建议有下列优势。(1)合伙人能够运用忠告更好地介入。(2)他非常了解企业变革的潜力和能力,也非常了解领导者的愿景,知道他所领导的企业处于哪个阶段。(3)他们能和领导者以及其他高管、董事会成员和其他对公司发展重要的股东建立良好的关系。(4)深入企业的状况能使这类进言者帮助领导将不同的建议综合起来。

一些能与领导者产生共鸣的进言者提供的知识和深度的建议可行或不可行。他们与其他人的不同之处在于,他们能提供一个安全的港湾,在他们那里领导者可以倾诉他们所想所感,保证他们谈话的内容是保密的。最好的产生共鸣的进言者能够积极倾听领导的倾诉,他们应该理解,能够让领导者说出他们的当务之急和未来的发展道路是什么。

采纳建议的方法包括三个要素。(1)四种类型的建议,每种类型适用于领导面临需求的不同情况。(2)四种类型的进言者,当领导者面临不同的挑战时,他们的作用不同,而这些挑战可能是希望成功,或者改进企业。(3)领导者需要平衡的建议网络,网络中的人能够给他提供正确的建议,并且这些人是正确的进言者。

专业的建议采纳者的特征

领导的得失是最大的,因此领导比进言者更需要对采纳的建议负责。这就是为什么专业的建议采纳者的表现会大致与他们的所想所做的保持一致。专业的建议采纳者把获得的帮助作为追求成功的必要部分,作为广开言路和反馈的重要结果。这一想法往往出现在他们自己意识到了并亲自执行任务时,只有那时,他们才愿意自己承担对管理实现新愿景所需变革的责任。

这一想法反映了一些更有特点的专业建议采纳者的行为,他们比那些无效率的建议采纳者特征更明显。

> ➤ 专业建议采纳者主动选择最好的帮助类型,并且建立了建议的网络。

第三章

- 他们积极地管理建议网络，把他们的建议放在优先考虑的范围中。
- 他们致力于建立好的人际关系。要从进言者口中挖掘最好的建议，就要理解需要从他们那得到正确的反馈，而不是反对，至少要从理解的角度倾听。
- 当面临影响计划的情况时，要及时寻求帮助。在预见到障碍时，也需要进言者帮助。

成功的关键因素

最终的框架要素是，要掌握实现成功的一系列最好的框架，并掌握有效建议的关键因素。

- 在你面临问题、需要专业知识之前，要发现进言者，并与他们建立良好的关系，以便在所需之时，他们能够提供建议。
- 允许进言者接近你，了解你的计划和想法，这样他们才能理解你的风格和需求。
- 不要期望进言者可以替你做工作。只有你自己可以设想公司的理想框架，决定最需要变革的因素，并决定如何做才能成功。

因为事情只有在发生之后才知道预先的观点是否正确，所以上述的因素应当表达出人们的共识，而不是无稽之谈。为了让这些因素明晰化，使它们的价值在协同作用中体现出来了，例如在并购和获得更大的权力方面都表现得很明显。

仔细分析建议采纳的规则

提供建议应当从建议采纳者的角度出发

对于采纳建议者来说，最理想的情况是，建议本身和建议的方式首先必须满足建议采纳者的特殊需求，而不是进言者的需求。专业的顾问习惯于他们所服务的领导的风格和情况。这并不意味着他们对每位客户都是善变的，而是说他们考虑了适合领导的风格、条件，并能将建议表达清楚，确保这些建议实用、方便。另一方面，大部分的进言者或多或少地会忽视领导的风格和所处的环境，而只是希望领导采纳他们的建议。

以领导为中心的进言者最初很认真地了解领导所处的环境，并理解面对的问题和机会，并且理解他的人格、影响力以及决策制定的风格。这样的程序通常以倾听领导阐述自己所处的环境开始，然后才去理解他所面临的问题和机会。领导能够考虑主观的、不具体的方面吗，就像他们能够了解客观的方面一样吗？他能够清楚风险和潜在的回报吗？他能意识到所面临的政治现实吗？他意识到自己未知的东西是需要了解的吗？他询问了正确的问题吗？

第三章

图 3-1　建议采纳的基本规则

- √ 应当根据建议采纳者的需要给出建议,并送达建议。
- √ 不同的挑战需要不同的帮助。
- √ 有帮助的建议能体现领导的意图。
- √ 在更高的层次上,政治问题和个人问题是最需要帮助的。

通过对所处环境的分析,进言者可以知道领导的顾虑。这个过程就像一个公司要兼并另一个公司需要做很多的调研一样。进言者要自问:领导自我感觉如何?领导给人的印象如何,以及别人对他的印象如何?他很成熟,并且不感情用事吗?他之前是否被强迫完成一些自己不具备优势的工作吗?他曾经必须在会议后作总结陈词吗?他必须努力证明自己的成就吗?

期间,进言者还需要知道领导者喜欢的决策制定方式。他是否喜欢在多重选择中选择答案,还是愿意直接得到一个深思熟虑的答案?如果他愿意在多选中选其一,那么他喜欢在事情调查前还是调查后给出这些选择呢?一些领导愿意得到进言者书面的意见,以便作出反馈;还有一些领导喜欢在广泛讨论的基础上倾听进言者的意见,而并不为此作准备。有些领导通过和他们信任的人讨论观点指出如何去做;有些领导喜欢自己独立作决策。可能这就是领导愿意考虑自己接收到的信息,并进行学习的最佳时期。事实上,进言者应当在领导提出问题前,先提出问题。在一些情况下,如果领导提出这些问题,而进言者却不知道这回事,这时就该向进言者亮红牌了。

多年以来,决策制定和学习的方式已经随着人们思想发展而有所发展。它们能够改变吗?这对于那些寻求改变决策方式的成功领导来说是个问题。如果要让别人作出改变,要看他自己如何做了。问题的答案是"是的,但是……"。领导者应当不断提升自己的管理能力。当他们领导企业时,他的决策制定方式、学习方式、个性和影响别人的方式长期以来已经固定了。他不会很容易或者很快就作出改变,明智的进言者也不可能试图让他作出改变。相反,进言者可以提出双重的解决方法。一方面,他们可以提出一些支持领导的方法,从相对容易的方法(比如在领导作决策时提出改变),到修改(加入一些高管的帮助),再到巨大的变革(如重新组建高层团队,并更换高管)。另一方面他们给出反馈,并且慢慢来帮他们作决策,辅助他们做一些事情。

如果从进言者的角度来看,领导可以通过比较采纳进言者提供的建议,而不是拒绝。领导可以像汽车零售店的顾客一样,发现汽车的生产和销售系统和自己希望的不一致,而发脾气。生产商可以有很多选择,以满足多种需要,但是客户永远可以挑剔,因为零件制造商只是汽车生产的一部分。因此,顾客就必须要在设计、产品和库存控制等方面适应汽车制造商提供的服务,因为期望他们生产顾客想要的东西是不可能的,而且永远也不可能。但是,在巨变的时候,向领导者进言,并且进言结果直接关系到很多人的生活的时候,就

第三章

不像买车那么简单了。

一种适合领导者需求的方式,可能像专业医生对自己倾向的情况进行诊断,同时对患者施加影响。因为如果出错误,问题会很严重,因此他需要仔细地了解病人的家族病史、病人病史以及对药物的过敏情况,并了解危险的情况。他不希望病人知道自己的情况,但是意识到信任的关系会鼓励病人主动提供诊断和处理所需的必要信息。用这种方法,认真分析所得到的帮助信息,尽可能地采用病患所需要的治疗措施。

类似的,当领导更换工作,或者要改变企业组织形式时,不需要采纳或听从于特别的进言者提供的方法。在满足领导需求方面,外部进言者和内部进言者是一样的。例如,一位新任的领导的下属希望成为他的内部进言者,应当和对待外部进言者是一样的。他们都应当站在领导的角度去看待挑战和变革。

来看一位新上任的CEO的例子,她在全公司开展了采用六西格玛工具,并采用精益企业心智的方式来运作公司。她强调要对客户的抱怨积极作出反馈,在每个层次上都要认真检测运营情况,快速作出决策,不要花太多的时间在分析问题上。当她的举措提出,公司不得不"只做一半的分析、决策,一边修改,一边调整。我们因为反馈时间太久了,因此失去了客户"。她让公司的一位元老级高管成为新方法的牺牲品,让他去熟悉新方法对组织文化和政治环境的敏感性。不到一年,她更换了那个元老,她觉得培训项目不能很快到位,这让自己很失望。在学习的过程中,那位高管从来都不能快速决策也不能测评情况。尽管他在执行新技术的时候工作非常努力,他采用的还是自己熟悉的管理方式。CEO 的错误在于,它觉得那位高管可以理解自己的想法。他的错误在于,让 CEO 错误地以为已经了解了她想的东西,也使公司按她的意图运营。

我在多年前就感受到了个人的观点对帮助关系的影响。一家咨询公司让我去拜访他们的一位客户。在签订咨询合同的过程中,他们没有提及所处环境的特殊性。尽管他们明确问题,但是还是不能提出可以指出根本原因的解决办法。他们没有冒险破坏良好的关系,他们找了另一个能满足客户需求的人来完成这项工作。

我自己去了,并且遇见了两个来自另一家公司的人:一个是这个客户所在公司的咨询顾问;还有一个是他们的老板,是公司的执行副总(EVP),他负责公司的市场份额的增长。我们同公司主席一起开会。由 EVP 牵头,询问总裁问题,并间歇地询问他公司未来的工作如何进展。最后,他建议,那个咨询师和我一起回顾一下他们对公司情况的分析。我说,我希望到工厂去看看,要得到刚才总裁所说的第一手的资料。我请总裁带领我们去,他似乎对我的建议很满意。

我们的行程花费了两个小时,我和总裁讨论了用新设备生产产品存在的问题,他对生产流程和产品质量也不满意。然后他同意在午餐期间在员工餐厅进行一次即兴演讲,其中邀请了一些管理者、计时工人和工厂的管理者。之后,总裁

第三章

承认他在工厂生产方面花费的经历太少了,这次了解了一些前所未闻的情况。我说,因为中午我们听见了员工说他们将要实施一些改进项目,这比从外部雇用一些新员工更有激励作用。因为生产部门的员工太知道政治的力量了,他们比总裁更清楚自己所面临的状况,他们可能会抵制强加于他们身上的力量。

我和顾问一起回到了波士顿,我问他为什么他的老板,那位 EVP 在工厂的行程中很是不自在呢?他说,EVP 曾经询问过:"丹知道他在做什么吗?为什么他问了所有那些问题?"他从我的沉默中得知我不理解他的意思。他说:"EVP 对你在他办公室里一言不发很奇怪。你一天也没提过在 Rath & Strong 公司中的工作,你只谈论了和我们讨论问题有关的事情。我们在销售电话会议上学会了两件事。给他们留下的印象是我们非常聪明,指出了他们应当知道却不知道的情况。同时尽快说出我们能做的事情,以确保我们的产品咨询客户知道我们在做什么。"他接着说,那次行程让 EVP 很惊奇:"他对和管理者、工人们一起,没有预先准备地就谈话很高兴,但是当你拒绝做业务并且你说不能帮忙时,他很不理解。"

这个故事的教训是什么呢?提供帮助的方法很多。一种条件下的好方法可能在不同的条件下就不一定合适。另一个公司非常擅长他们所做的工作,但是对于他们特殊的需求而言,他们会很明智地不过多仿效前者。他们很擅长对领导提出大胆的步骤,让他们使组织高效运行起来。这些客户

建议采纳的新框架

需要那么做，但为了使这些大胆的步骤成为现实，他们必须解决一些目前的问题，来完成日常工作，并形成良好的政治氛围。在这样的条件下，强势的制造部门的经理反对从外面聘任新人来管理工厂。他们提供的建议是不充分的，他们自己也知道具体情况。使领导处于帮助关系的核心，意味着他的需求影响着他接受到的意见。（我们最后没有成为这个公司的咨询顾问，但是之前我们和工厂的员工交流过，他们也提出了需求。）

不同的挑战要求不同类型的帮助

我常常把领导和进言者的关系比做医生和病人的关系。有另一种方法可以把这两种关系进行比较。随着我们知识的扩展，已经能够了解人类对刺激的反应和作用，通过运用新技术，研制的新药物也越来越有针对性。这样，医学专家和附属专业的数量也激增。挑战需要特殊类型的帮助是很显然的，没有必要强调那些基础的规则。但是，现实情况是，很多领导不使用这些规则去面对他们采纳的建议，而是去寻找一些他们认为适当处理问题的人来提供建议。下面就是个例子。

一个朋友接管了一家勉为生存的财务服务公司。他很快就知道公司因为滞后的信息和落后的流程，造成了很严重的系统问题。他很快就请了一家专业的咨询公司介入。他接管公司6个月以后，发现公司除技术和程序问题外，还存在团队管理的问题，特别是当内部员工和外部人合作的时候

第三章

问题很棘手。他发现，在一个部门内部，员工们对号召的决策执行很快，很有团队合作精神，而他们在和其他部门合作的时候就不是这样了。他的前任采用的是星型的管理结构（hub-and-spoke），每个部门独立工作，不鼓励各部门之间的合作。但是，这位新 CEO 的计划是颠覆性的，他的管理风格是要各部门之间协同工作，经常交流，他们应该为同一个目标而努力。所有这些想法对于公司的管理者来说都是一种新的运营方式。如果不是这种情况的话，他对公司文化阻碍了公司战略的判断是正确的。

但是他犯了一个最大的错误就是，他让来自信息系统咨询公司的咨询师参与公司文化变革工作。一年以后，情况更糟了。尽管信息系统顾问采用了文化变革领域同样的变革措施，但是他们由于缺乏经验，忽视了在财务服务领域成功的细微的因素。例如，他们完成了对公司文化的分析，但是他们的员工对公司产生了怀疑，而不是对公司存在的问题报有实事求是的态度。结果，分析数据是矛盾的，分析也是不完整的。

顾问正确地指出了公司大部分的高层和中层管理者本应承担的变革重担，但他们都没有完全理解新 CEO 的想法，尽管 CEO 和他们详细地讨论过计划，并且给他们发送了备忘和 Email。因为这些人不提问任何问题，CEO 认为他们和自己一样理解计划了。例如，他指出许多"不能增值"的活动影响了企业快速变革的市场反馈，下属就很不理解。因为这些管理者已经用自己的方式管理部门很多年了，他们也一直因此而受到表

建议采纳的新框架

彰。他们不知道自己做的哪些事情为公司创造了价值,哪些没有,但是他们又难以启齿,或者很惧怕询问。

顾问建议采用"目标是否明晰"的方式,这似乎不错,此外他们让CEO仔细地讲解一下他和高管执行的长期计划。在一系列耗时的会议后,CEO和CFO阐述了他们想入主市场的想法,也说明了他们那样做的经济利益,还说出了整个公司团队合作工作的必要性。每次会议后与会者都会签署一个反馈的表格。这个程序由咨询公司来完成,最后将结果承交给CEO,他们掩盖了目前情况的不确定性。一种反馈让CEO很震惊:"这样的会议对于长期计划的细节来说大有益处,但是我认为会议的目的或多或少地是要让你清楚实情。但我还是不知道你到底想让我们做什么与众不同的事情,我如何做才能和现在不一样呢?"

让CEO和咨询公司想不到的是,领导者的远见和长期计划的目标是不一致的。领导对变革的远见就是,一旦长期目标实现了,他的手下应当做什么。这些话生动地描述了目前看不到的情况将会发生怎样的变化,现在听到的情况会在会议召开时将发生怎样变化,现在掩盖情况会引起员工怎样的情绪。

例如,一个问题就是对待客户的抱怨反馈很慢。CEO的目标应当是,当不满意的客户投诉时,良好地处理投诉意见。如果公司对大竞争对手的革新的反击很慢,那么公司的目标就该是,当竞争对手开发出有市场变革潜力的新产品时,关注员工如何看、听和想。另一个问题是新员工的巨大调整,

75

第三章

特别是在他们入职6个月内的调整。因此目标应当清楚地说明组织如何招募、雇用和引导新员工，管理者应当如何吸纳他们，如果他们工作得不好，如何处置他们。只有通过这样的方式才能明确他们需要做什么，CEO才能为员工行为提供新的标准。

我认为，即使CEO和咨询公司都知道正确的目标，并且询问了正确的问题，但是他们大都错过了最重要的时机，浪费了宝贵的时间，冒着毁坏领导者信誉的风险，让他远离了那些不能直接领导的员工。这是为什么？因为CEO认为建议是有替代性的，一个领域的咨询专家可以提供另一个领域的咨询意见。

正确的建议能体现领导者的想法

许多人担心接受建议就会被看做他们承认自己没有想法，被看做是懦弱的标志。所有的领导者都想成为果断的人，拥有控制力，真正拥有领导权。正确的想法很重要，因为人们看待领导的方式会决定他们是否愿意追随他。但是追随者是否认可或排斥领导不仅在于领导者看起来是强大的，还要看领导者是否在对他们来说在重大的问题上倾注了大量的时间；领导者是否关注公司长期的健康发展；以及领导者的决策是否谨慎、明智。如果追随者认为领导在这些方面都不是很积极的话，那么他们就会有担心和怀疑。如果他们发现领导寻求他人的意见，在关键问题上都能作出明智的决策，那么他们的信任和跟随的决心将会加强。

建议采纳的新框架

　　在需要的时候使用帮助不能表明领导的软弱或者决策的不利。领导者更愿意了解问题的严重性,通过建议去避免或解决问题,而不只是高效工作。下属和董事会成员不会原谅领导由于不听取意见自行其是而造成的损失。正如别人也是通过我们所在的公司来判断我们的能力一样,人们对新领导所处的位置或者变革的时期,都会由他所选择的正确进言者来判断。

　　一些领导者不愿意采纳建议,因为他们怕进言者会控制自己的领导权,并且认为他们的建议在某种程度上束缚了自己的手脚。而情况常常是相反的。一位孤军奋战的领导到一个不熟悉的领域中,肯定会承担想不到的压力,如果没有业内经验丰富的人帮助他,会更难。丽塔的经验就说明她独自前行的失败。

　　蒂姆(Tim)就是一个意识到靠自己一个人的力量不能成功的例子。他通过管理建议实现了自己的想法。蒂姆在一家非营利机构的创始人去世后,接管了这家知名的机构。尽管这个机构有很多捐款和项目,但是还是面对着很多严峻的问题。多年以来,创始人没有严格地管理公司,也没有控制成本。他的慈善和捐款使得组织岌岌可危,财务上也处于危机。可能因为他不能面对这个现实,也不愿意承认是自己造成了这个状况,他一直对董事会不公开公司的财务状况。蒂姆不仅是获得了这个品牌,他还继承了组织必要的重组,而面对这种情况他却不知如何下手。

　　蒂姆的头 30 天困难重重。他发现公司内部对财务状况

第三章

的忽视造成了财务状况的窘迫。每次和CFO、外部审计以及关键的经理成功地开会时,都让他更加警醒。他向董事会成员递交了一份真实的财务报告。在他入职4个月的会上,蒂姆花费了大部分时间阐明他们面临的严重的财务危机,而对于公司战略和面临的组织问题却很少提及。他认为要求确保下一届政府能够为他们提供津贴,这样可以让组织成员做好准备,并说服政府认可他们是一个很注重成本的组织。他并不指望前任的工作。

蒂姆决定在所有员工提出问题的会议后,召开一个企业外部会议。他召开外部会议的目的是确保副总裁能够理解目前状况的严重性,并且支持自己的想法。因为他不确定他们会有什么反应,所以计划在两个部门每周举行一次会议。如果副总裁反对,那么他可以利用期间的周转时间采用另一种途径。一个部门验证了蒂姆的担心:大部分的高管试图曲解蒂姆的分析。蒂姆的回答是:"他们拒绝了我,要让他们明确情况需要很长时间。因为我是个新人,他们肯定不能我说什么都相信。"

蒂姆请了两个人来帮助自己。一位是原创始人的朋友、房地产公司的高管,原来的理事;另一位是和蒂姆的前任共同创立这个机构的管理者,他在退休前是该机构的管理者。蒂姆相信,因为他们曾经是前任的合作伙伴,在公司中很有威望,他们应当对自己的意见很有影响力。其中一人参加了企业外部会议帮助蒂姆明确了利益攸关的问题。两个人都参加了内部会议,他们都表明了对蒂姆的支持。

建议采纳的新框架

在组织的转变阶段需要一些有利的步骤,包括要解雇一些企业中的员工,更换CFO,更换一些担任了很久职务的副总裁。一年内,蒂姆已经重新规划了组织,并且制定了一些更有纪律性的管理措施,并降低了运营成本。在他任职18个月后向董事会的述职报告中,蒂姆说出了他成功的两个因素。一个是新的CFO,它赢得了机构独立审计的支持,并引入了一个严格的成本管理系统。另一个因素就是请两位顾问加入。

如果没有他们两位的支持,我今天不能站在这里。实事求是地说,我请他们来本来是想装点门面的。我希望你们和审计师相信他们和我站在一起,如果他们愿意帮助我,你们会更加支持我。事实上,我得到了更多。因为他们同意帮助我,我在那种情况下就获得了更多的信任。他们教给我自己不能理解的一些东西。因为我提出了一些严峻的问题,最初很少有员工信任我。他们希望我来做一些切实的事情,而不像我想象的那样毫无头绪的做事。当我来这个企业,发现财务状况非常糟糕的时候,我觉得自己是被误导了,我也不知道是否我能信任他们。我对于自己来这里工作的初衷比较懊恼。一次,我的一位顾问给我写了下面的一段话:

蒂姆,你是有选择的。你可以抱怨你所处的地

第三章

位。是的,你有权利那样做。但是,虽然一方面能释放你的愤怒,但是长期以来那样做却无济于事。另一件你可以做的事情就是振作起来,伸出双手,不言放弃。你和我们知道的一样,对于所有的问题,这个组织可以解决,并且有巨大的潜力去解决这些问题。如果因为过去的管理失误,继续错误的话,那些为组织作出贡献的人、那些相信组织的人,都会受到伤害。那样做,也会损害他们的投资。

蒂姆意识到成功不能只依靠自己。作为一个新领导,员工不能完全信赖自己。他成功的大部分原因在于他选择了那两位顾问,并采纳了他们的建议。他很巧妙地任用了这两位顾问,并且在企业外召开会议时,明智地请其中一位参加。蒂姆通过顾问迈好了第一步,消除了自己的担心。他让他们了解到自己的计划,并且说明不管什么时候,如果他们愿意,都可以来自己这里工作。蒂姆是一位能够解决严峻问题的自信的领导。但是在那样的条件下,他意识到自己需要帮助,他就毫不犹豫地使用了建议,而不是把采纳建议当做懦弱的表现。

当领导面对政治网络的时候需要帮助,或者需要通过中立态度来缓解来自上层的压力时,也需要帮助。

政治和个人方面的需求是最需要帮助的

每位领导都发现有四类需求是需要时间和精力的:战略

的需求、经营的需求、政治的需求和个人的需求。但是正如商业问题有不同的重要程度和紧迫程度，领导者的这些需求也分轻重缓急。一些方面的帮助比另一些更关键。对于那些需要其他人辅佐来实现变革程序的领导和那些面临不断的压力仍能维持个人平衡以及心理坚强的领导来说，他们把所需要的帮助分为两类：重要的帮助和本质的帮助。

重要帮助：满足战略的和经营方面的需求

有准备的领导的战略需求来自于对组织目前状况的理解和对维持现状的想法，也来自于他对可替换战略的了解。当有了那样的想法的时候，他就决定组织需要进行变革和革新，才能取得更多的经济效益。同时，企业需要把握住组织代表的群体的要求，比如，来自外部利益相关者（包括客户、投资者、其他机构和供货商等）所要寻求的利益，和内部利益相关者（包括员工和退休人员等）所要得到的利益。

思考竞争对手是如何寻找同样的帮助是战略需求的另一个方面，包括思考竞争对手做得好和不好的方面，思考对手如何处理同样的挑战和问题等。领导者拥有的企业必须牢牢把握住影响其未来发展的政治学的、经济学的和社会学的诸多方面。一旦他拥有了所有这些优势，那么他将让其高管层和董事会成员来面对目标，并朝着对他们发展有利的方向前行。在他前行的路上，他在头脑中清楚地为企业的新文化制定蓝图，包括需要寻找那些能够按自己规划工作的必要人选。

第三章

　　经营方面的需要包括组织日常有效运作的能力，并能够按照目前的运作方式实现中短期目标。这些能力包括设计、安装、评估的工具和使企业有效运营的技术（包括信息技术和财务报告以及控制系统）；能确保产品和服务质量的生产工序；成本和预算控制以及有效实现它们的标准；维持企业生存发展的人力资源系统（包括发现、激励和奖惩以及解聘等机制）。

　　领导的核心工作是确保企业的战略和经营的选择是正确的。面对战略，只有领导者而不是他人来决定企业的目标、实现战略的途径以及员工的工作方式。在经营方面，领导者还必须为企业的前进鼓劲。领导者有责任去确保企业的发展是能够获益而且是正确的，企业应尽可能有效地采用相应的管理措施。

　　大部分能成为企业高层的人士，都掌握了企业战略和经营所需的管理技能。但是还有许多方面需要得到帮助，比如管理咨询和审计公司等方面。从财务的角度来看，这些需求不是区分好领导和平庸领导的因素。当某人的职业生涯处于利益攸关或者巨大变革之际，如果只具备战略和运营的能力，那是远远不够的。在那样的条件下，领导的地位要依赖于同事和下属的支持，要服从于联盟的利益，个人的意志是很关键的。从这个角度来看，政治的和个人的需求也是很关键的因素。

建议采纳的新框架

本质的帮助：政治的和个人的需求

领导者政治方面与其联盟网络有关,这些网络与他面对的障碍和变革有关。政治需求包括要知道谁是可以信任的,信任的程度如何,还包括了解谁是对领导成功很重要的人,以及信任这些人的原因。如果联盟可以称做企业的神经中枢,那么企业文化就是心脏:什么对于员工来说是重要的?企业文化的哪个方面是最有价值的?核心文化是如何形成的,如何维持他们?企业中哪些人能够维持并改变企业文化?要有效地管理企业的政治方面,就要认识和理解影子企业——影响关系的决策制定和如何行事的一种企业模式。[1]但是影子企业对于一些领导者来说还是很陌生的,通常的原因就是他们处于孤立的地位,缺乏对公司政治和文化的了解和熟悉,他们对信息和交流系统的肤浅理解使得他们不了解负面的信息。那些领导不可避免地会在政治斗争中失利。

对于那些在强有力的董事长或董事会庇护之下的领导和那些分支机构的领导来说,政治的需求包括与其上司和相关的董事会成员建立起良好的关系。这样的条件下通常需要"确切的意识"——在特定的文化背景下,准确地理解关键因素的微妙的变动。这个方面正如我们在第二章中讨论过的戴夫和巴里的案例。

本质的需求的另一方面就是个人的需求。对于那些在企业变动时期管理企业的人来说,压力是不可避免的。要保持心理上的平衡就需要在非常紧迫的状态下也要保持心态

83

第三章

平和。即使在任务非常复杂、问题堆积和冲突集中的情况下，领导者仍能够保持平静，并控制局面。

在情况变革严峻的时候，领导者往往表现出急于求成的情绪。在压力很大、焦虑和情绪不稳定的状态下，领导者容易随意作出决策。典型表现就是，领导处于情感低落的状态，脾气很坏，不考虑问题，不愿意交流，喜怒无常，优柔寡断。更严重的情况包括，酗酒、吸毒或者注射镇静剂。那些感觉被戏弄的领导可能会作出冲动的决策，但后来又会为冲动的决策后悔（他们会说："很抱歉，我那时身不由己了。"），或者忽视了他不应当忽视的情况（"我那时候想什么呢？我根本不相信自己那样决策了！"）。而相反情况是，有些领导觉得自己很轻松，能够集中精力，心态平和，头脑清楚，能够面对压力。他的角度转变过来了，能够区分关键的信息，并能进行明智的分析。他的判断是准确的，不再感觉是站在悬崖边缘，而是站在平地上。

知道如何稳步立足可以区分那些在变革时期成名和在巨大压力下不能自拔的领导。这些个人的需求很重要，变革的议程要求领导管理自己就像管理企业一样。一个很好的案例就是约翰（John）的例子，他是《财富》50强企业中的人物，他有着快速变革、面临挑战的成功管理智慧。约翰之所以得到了这么高的管理职位，是因为他在每个不同的岗位上都突破了不同的纪录。当他在40岁的时候，他成为百名管理高层中的一员，人力资源总监认为他能在未来的五六年中成为公司的首席运营官，并且在他50岁的时候成为公司

建议采纳的新框架

的 CEO。

在约翰以前的工作中，他一直就没有被严格地束缚过手脚，可以自由发挥能力。他的上司认识到了他的管理智慧，并且给了它发展的充分空间。在职业发展回顾中，人力资源总监认为，他未来应当从事分支机构的非核心业务，而这个机构远离公司总部，他被任命为这个不好管理的分支机构的二把手。当时，CEO 认为约翰不适合去做那样的工作，觉得他会与分支机构的管理者们产生冲突，但是人事总监相信他能扭转局面。

约翰临危受命。在他和新上司阿里的第一次见面中，阿里就说出了自己的管理原则。阿里从自己的角度提出，希望他每周提交工作报告，报告中包括前一周计划的完成情况，和下一周的新计划。任何来自总部的报告都要及时向阿里通报，如果不经阿里同意，就不能执行任何报告的决议。约翰向他说明了自己和高管层的良好关系，特别是和主席的关系。而阿里说他加入这个机构以前的情况与现在无关，现在只有阿里说了算。约翰觉得他以前建立起的良好关系将要被这个新领导给毁坏了，他很担心。他说："我觉得我来这里就像个西部牛仔。他把别人都当成孩子对待。"

过去的几周中，约翰越来越痛苦。他对阿里的管理风格和自己与公司关系的紧张很是不满。但他把这当成游戏，并比以往更努力地工作。他常常工作很久，一晚就睡 4 个小时，但他现在只睡两三个小时。在他去公司总部述职的路上，他遇见了 CEO。他并没有提及对新机构的不满，他竭力

第三章

掩饰自己的不满，没有谈论新公司的计划和如何学到新东西。

一个月以后，在对约翰的绩效考评中，阿里对约翰的成绩哑口无言。约翰为自己作为管理者和发起人的管理技能很是自豪，他为阿里上了一堂如何激发员工积极性的很好的一课。但是，阿里没有给约翰发奖金，开始约翰以为弄错了。他询问为什么阿里知道了自己的成绩却给了那么低的奖金。阿里回答说他违反了自己在公司中的两条规定中的其一：约翰会见了CEO，并且和CFO、人力资源总监进行了交谈。阿里说："那么做不忠诚，且不可接受。"约翰无语了，他很尴尬地告诉妻子事实，并且说自己奖金很少。他想致电CEO，但是后来想到那样做会使事情更糟。他中断了和公司总部的联络，约翰觉得自己遇见了一个难对付的领导。他情绪很低落，想要退出了。他的行为变得古怪、不可预测。他开始酗酒，以缓解压力。

约翰的情况就是一个有着高度智慧的年轻管理者陷入压力，不能自拔的例子。他不喜欢上司的管理风格，与其关系不好。他有雄心壮志和想法，有自己的行事方式，这毁了他的职业生涯。也可以假设这样一个例子，他在一个不能成功的部门中工作，人事总监是错误的。但是，在最后，从企业的角度来看，成功与否的责任总在于个人身上。约翰没有把握住个人的政治环境，他就是想和新上司一争高下。他没有估量自己的个人需求，没有在使自己不愉快的环境下屈服于人。

约翰处于一种特别不适合个人发展的困难条件下。他的命运能够改变吗？哪些建议能有帮助？一方面，约翰应当学会新的任务和汇报方式。他对阿里不了解，其实应当先搜集一些阿里的管理风格的信息。在他们公司中，约翰那个层级的管理者更换的频率不是很高，他应当向曾在那个机构工作过的人讨教经验。他还应当向那些汇报工作给阿里的人讨教经验，特别应当向那些有高潜力的管理者请教分配给自己的工作。但是他都没有。我猜测约翰认为自己是可以胜任的。人力资源部门也应当关注这个情况，至少，人事总监应当了解分支机构的情况。他们不知道水有多深就把约翰推下泳池，然后就溜之大吉。他们应当给予帮助，如果约翰找到人事总监需求帮助，他们应当是更好地介入。

这章介绍了思考管理建议的一些基本的规则。下一步将要研究建议的类型和那些能够领会领导需求的进言者的类型。

第四章　采纳建议的类型
——战略的、运营的、政治的和个人的建议

我们在第二章讨论过的巴里是软件发展行业的高级管理人员，他任用了自己熟悉领域的专家，但是没有选择他最需要的专家。巴里承认他之所以选择那些专家，"是因为我可以和他们讨论，他们说出了我想说的话"。他放弃了采用新的企业文化，换言之，就是想让自己的专家比较适应新环境。他的这种错误是和大多的领导者一样的，他们不加区别地选择能解决最棘手问题的专家。如果巴里更精确地理解自己的需求，并且根据需求选择合适的建议，情况可能就大有不同了。不管是在新的工作岗位上，或者是希望利润的增长，领导者的需求和问题都可以分成前面我们提到的四类：战略的、运营的、政治的和个人的需要。由于领导面临困难的复杂性，因此只采用一种类型的建议是错误的。

第四章

战略方面的建议

非营利性公司和政府机构的领导经常到机构外部去寻求战略问题方面的建议,例如组织目前道路更替的选择、将来的发展和挑战,增加竞争力的具体行动方式,如产品线的并购和拆分等。好的进言者是领导在重要关头,寻找正确战略不可或缺的。他们可以提供战略模型,他们可以对战略选择进行研究,并拥有组织所需要的类似的经验。

内外部专家的能力

通常,外部的专家在批判企业现有的战略方面比一般的员工更有发言权,那些员工已经适应了企业现有的战略逻辑。另外,外部的专家在区分下列两种并列的战略方面也更有优势:一种是由董事会批准的传统的相关战略,另一种就是符合实际,但是未经证明是否有效的战略,而后者对实际执行有很大的影响。在外部战略专家到来前,领导者应当为目前的情况做好准备,如提出需要解决的问题、涉及的利益等,保证专家能执行并接受,还要说明员工对未来组织发展的能力和态度。

外部的战略专家的能力如果是不符合期望的,通常是因为他们不能透彻地了解企业的状况。外部的进言者总是忽视一些问题:(1)在企业目前的能力和资源状况下,执行战略是何等的困难;(2)企业文化、主流的价值观和道德观决定了企业如何运营。当员工们执行专家的要求时,问题是可以避

采纳建议的类型——战略的、运营的、政治的和个人的建议

免的。也就是说,当领导使用自己选择的经理和下属作为外部专家时,可以避免上述两个问题。内部的专家可以理解战略的实际情况,在目前的企业文化和限制下,他们也能成功,因为他们能够根据员工每天工作中遇到的情况制定战略,他们比领导更熟悉情况。

员工可以帮助新领导认识到目前的战略是如何制定的,了解经理们执行战略的力度。当新领导走访那些参与了目前战略制定的员工时,不同的角色对其很有启发,每个人都能提供他们对所采用战略的不同看法。"提拔人才"为建立战略铺平了道路;"探险者"能够冒险接触到企业外部的观点;"清除对手"整合了不同的观点,形成了一致的战略或者让这些的战略更精确;"作者"形成了战略,并且记录了战略过程;"促进者"帮助战略实现。发现上述人才可以在两个方面对领导有所帮助:一方面能启发领导,好的想法在这种特殊的文化下是如何形成的;另一方面能帮助领导鉴别出潜在的内部的进言者。

领导远见的分类

战略专家可以通过帮助领导设想企业的特征,为他们提供价值。特别是在特定的文化背景下,应当提出什么是能够实现的。这就是企业领导愿景的来源。我对此的观点不同于他人。在第三章我已经说过,愿景和使命是同在的(使命是指员工努力工作渴望的结果),是超越目标的(一个有挑战的目标是实现使命,并且巩固特殊的可估量的计划)。使命

第四章

和目标都是很重要的,但是他们都不是愿景。

愿景是在理想的使命和目标都达到的基础上,对组织理想化的设想。应当生动而有纪念意义地记述人们是如何努力的,记录下他们每天在工作中对企业的想法。愿景描述的是企业文化应当是什么样的,不是对企业长期计划的重复概述。愿景应当获悉哪些人热爱公司,要了解企业的核心决策制定程序是如何形成的,要知道当企业情况优化或者恶化的情况下人们的想法。愿景应当足以描述组织在最佳状态下是如何运作的。或者说,愿景应当像电影的制作要有胶片,而不是只有电影的宣传广告。

为了达到这样的效果,尽可能现实地说,应当进行两轮分类。第一,领导在引领企业发展的时候必须有充分的思想准备,要让他人了解自己的决策制定过程。领导头脑中的观点越明确,他越能找到所需的人才。在第二轮分类时,领导和他要采用的人谈话,说出自己头脑中的想法,询问自己没有想到的问题,界定他们眼中的企业的压力。这样才能把想法变成现实,并且实施那些隐藏于表面背后的东西。明智的领导能够广开言路,鼓励他人帮助自己形成企业发展的愿景。他还需要鼓励他人基于领导的愿景形成他们自己的想法,为未来发展设定新的思路。通过交流和会议上的讨论,领导最初的想法将会变成愿景,而这种愿景将得到广泛的理解和普遍的应用。

在掌管 IBM6 个月以后,卢·郭士纳(Lou Gerstner)说过一句名言:公司最需要的就是一个新的愿景。他指的是通常对愿景的陈述,一种对企业实际需要的真实变革没有关系的陈述。在 IBM 任职的早期,郭士纳需要的不仅是鼓舞人心的宣言,他在受命这个新职位的时候有个初步的设想,设想企业能做什么和不能做什么。为了让这样的想法更清晰,他上任第一周就和许多 IBM 的同事交谈。在此过程中,他找到了能够帮助组织提升的人才,以及那些他认为没有用处的人。郭士纳雇用了那些对他忠诚的人成为公司主力,并且当他解雇了一位有影响的但反对自己计划的高层的时候,也是向公司发出了一个信号。然后他建立了一个新的高管团队,并且重组了董事会。在他担任公司 CEO 的第一年,他还从公司的各个部门建立了一支特别的管理团队,这支团队在他缺乏对公司和行业认识的情况下,为他提供了很多帮助。这些举措不是某人偶然或任意所为的。郭士纳是有愿景的。这个愿景不是对使命的陈述,不是一系列目标,而是他头脑中对 IBM 的希望,是他所需的人才的类型,在每次决策、成功和错误之后他能越来越清楚地看到愿景。[1]

使用内外部的战略能力

对于处于变革议程中的领导来说,最有效的战略建议来自三方面:(1)外部的战略专家能够提供规则、研究结果和知识;(2)企业内部的专家能够提供经验和看法;(3)内外部的专家都能够将领导的愿景明晰化为组织的使命,并且实现目标。一位财富 50 强的领导创造了一项战略就是,将这三方面结合到一个项目中。

第四章

　　为了满足新客户的需求，一些产业中的公司并购了竞争对手和供应商。还有些公司，为了拥有市场地位对新产品进行了巨额投资，以期取得更多的收入。还有一些企业建立了伙伴关系，并建立了新的分支结构。有家公司是市场的领袖，决定采取措施前先等待一下，因为领导不确定哪种做法是最有影响力的。但是，受到了其他公司决策的启发，分析师、员工甚至是一些董事会的成员都担心过于保守会使公司失去竞争优势。公司副董事长和最有战略眼光的高管克里斯(Chirs)决定仔细研究公司的保守的状态。尽管他也认为发展过快是不明智的，但是他还是相信，没有可供选择的调研就不能作决策。克里斯在他的整个职业生涯中都任用了外部的战略专家，运用他们的优势，但是这次他要避免使用高费用的项目，在这个项目中他将会询问经理们 CEO 的所作所为哪些是代表公众利益的。

　　克里斯和两个外部专家进行讨论，这两个人他以前都用过，但是他们互不相识。他用通用的术语解释了自己一直在观望竞争对手的情况，不理解那些做法对公司有何意义。他还没有决定采取何种行动。他的目的就是要和两位新任的有知名度的专家讨论，他希望两位的想法能够帮助他打开思路。

　　这次会议后，他决定把两位专家一起找来。一位战略专家对行业非常了解，并且和自己的大公司共同面对过成败。另外一位专家是组织管理方面的专家，他理解公司的政策，和关键的公司关系，在组织结构、文化的建立中帮助过大部

采纳建议的类型——战略的、运营的、政治的和个人的建议

分的高管。在这个会议上,克里斯把两个人都带来了,说出了他自己观望的矛盾心理,也说出了他想要的目标(要得到一个完全可以替代的做法)和想要避免的方面(公众对董事长兼CEO与同事之间的纠纷)。他请两位专家向自己提出他们的建议。

专家建议克里斯提出的从公司的各个部门中选出小团队的想法,提出应当对公司的行为作调查,找到可以替代的方法。他受到那些员工想法的影响,决定项目要秘密进行。在克里斯的领导下,要避免受到其他强有力的高管的影响,直到克里斯找到了可以替代的途径。他们三个在讨论这个问题的过程中,关键的成功因素明朗了。(1)参与者应当是有分析能力的、创造力的,对目前的公司战略有所质疑,但对公司忠诚的人;(2)参与者应该能够全职的投入,这要求短暂地离开公司,当然前提是,别无他选。时间很宝贵,因为战略问题的敏感性,所以需要秘密进行;(3)参与者需要具备数据分析能力,并且愿意置疑传统的智慧,并不循规蹈矩。因为参与者需要做一些他们前所未做过的事情,应当给他们提供两方面的指导:一方面,战略计划的模式要适合这个特殊的人物,让其去分析市场状况,得出结论或者假设,并且得出建议;另一方面,组织模式要适合参与者,引导他们从其他企业中学习,保障团队工作顺利开展。

克里斯获得了CEO和CFO的同意,他们需要提供分析的信息。有12个人被指派全职参加这个为期90天的项目。项目经理是CEO和CFO非常信任的人选。团队租赁了一

第四章

个远离公司总部的办公室,并且统一口径不和与这个项目无关的人员交流,包括他们的上司。制定了适合分析竞争对手的战略。外部的顾问介入讨论其他公司如何面对战略问题,并讨论出现在其他行业中的现实问题。外部的战略专家提供了一些分析的框架,对团队提出的结论提出了质疑,并运用了市场分析和财务分析的手段。组织内部的专家提供了团队结构和程序方面的意见,并且说明应当如何向高管团队提出建议。

团队的最终报告提示:决策要避免冒险的行为,但是更有冒险精神的联盟和快速发展的能力能够满足新的市场需求。建议是由员工制定的,它们体现了公司的特点和文化,而这些内容对于外部专家来说很难发现。克里斯感兴趣的另一个方面是,团队成员发现了竞争对手的战略,以及那些战略是如何形成的。他对参与者的能力非常满意,他们在时间紧迫和面对陌生队友的情况下,能完成任务。克里斯回顾了 CEO 和 CFO 提出的建议,并把这个项目和团队更多的高管人员进行了讨论。让员工团队向高管团队说明情况。所有团队成员的建议都得到了采纳。

克里斯公司所面临的特殊条件使得采用这样的方法很可行:在信息有限的条件下要求快速行动;有力的高管愿意用不寻常的方法探索新的途径;两位专家有不同的能力,相互补充,能够协作开拓新思路。短期的利益对于公司来说能够改善目前的决策。中期的利益在于那些参与的员工能了解更多的市场情况,他们能够和公司一起学习,而不是像外

采纳建议的类型——战略的、运营的、政治的和个人的建议

部专家一样不考虑公司的实际情况。长期的利益在于,参与者的开发速度的提高,他们能与高管交流,如果没有这样的工作,他们今生可能都不可能有机会和高管交流,这样的交流让一些员工比正常的情况晋升得更快。

明智的人能够不按照通常的运营方式做事,喜欢询问一些不符合常规的问题,以应对战略问题,这些人在所有企业中都存在。他们通常都表示还有些建议的资源未被利用、未被意识到。那些需要使日常运营更有效的领导应当找到这些人,听取他们对工作的建议。

表4-4 四类建议

建议的类型	领导者的收获
战略的建议:对未来和发展途径的远见 ➢ 外部的战略专家:规则、研究和外部的标准 ➢ 内部的专家:经验和对企业的了解 ➢ 基于文化的建议	对组织的竞争优劣的充分了解。 对未来发展的愿景,既包括战略和组织内部的愿景,也包括如何实现战略的愿景。
运营的建议:使团队效率最大化的信息和技术	对组织运营能力优劣有充分的了解。 提高日常运营效率。 解决短期问题的技术。
政治的建议:使用影响和建议来促使采用新战略的方法,或者能改善运营效率的方法。 ➢ 为什么人们能那么做 ➢ 正式的和非正式结构的本质 ➢ 团队如何克服压力	充分理解为什么人们能那样做,正式和非正式的影子组织的本质,以及他们相互影响的行为。 取得联盟并得到忠诚员工。
个人的建议:领导个人觉得很适应、很满足,也很欣慰。 ➢ 在大的压力下能够注意力集中 ➢ 在信任的基础上广开言路	有个安全的港湾和信任的联盟。 能够有忠诚的人和自己说私密的话。

第四章

运营方面的建议

　　运营方面的进言者能够评估企业有效实现短期和中期目标的能力。他们能对企业日常工作中做得好和不好的方面作出客观的评价,比如能评估IT系统、财务控制能力以及产品的分销等工作。当战略专家的视野比较广,并且最终产品计划需要补充的时候,运营专家会处理这些问题或将要发生的问题。这样的问题可能是生产的瓶颈,及早地发现问题可以保证产品生产的稳定。可以在当季就降低生产成本,实现预算目标。也可以在缺乏信息的情况下,将现场的情况传递给决策的总部。

发现谜团

　　面临运营建议需求的建议采纳者必须有需要回答的问题,并决定在他没有受过培训的技术领域进行测评工作。这就需要从企业内部和外部招聘专家来帮助他们完成由于知识不足而不能完成的任务。在不熟悉的领域工作,领导首先要从内部获得帮助。那样,他就能发现企业内部的人才,这些人才在解决问题方面具备能力,如果没有这样的机会,他们将被埋没。他还可以置疑本应该由外部专家提出的问题。因为领导必须对那些不能全部了解的情况作出决策,他必须对专家非常信任,信任他们的眼光和忠诚度,相信他们是坦诚的。这一点是有经验的新领导必须要重视的内容。

　　戴安娜(Diane)在接管IT部门前是个咨询师。她一上任

采纳建议的类型——战略的、运营的、政治的和个人的建议

就立即执行了一项决策，就是提拔一些年轻人，替代那些有影响力的任职很久的经理。让公司惊奇的是，作为一名咨询师，她一直用的就是旧的人马。但是她没有采用外部的支持者，因为她对那些内部人的缺点先入为主，同时她却没有公开表达自己对 IT 部门运营的不满，她私下做了一些工作引起了 CEO 的注意。CEO 找到戴安娜讨论公司信息技术的未来发展方向，并且了解到其他公司通常的情况就是 IT 部门向主管领导汇报情况。

当主管领导退休后，CEO 找到了戴安娜，希望她接管 IT 部门。他们需要变革措施，需要一个使公司良好地运用信息并进行内部交流的人，这个人还需要具备长远的眼光。IT 部门需要直接向 CEO 汇报，而戴安娜加入高管团队，能确保必要的变革以一种高水平、开放式的方式开展。戴安娜清楚，当信息系统升级以后，自己的工作就不再是向 CEO 汇报情况了。

在过去的一两年中，她和 CEO 偶尔会讨论全部管理成员的结构，当然也包括 IT 部门的情况。CEO 从来不掩饰他对一些企业模式的偏爱，但也会询问戴安娜其他的企业是如何处理这些关系的。最终，CEO 认为戴安娜实现了自己的愿望，他不再让 IT 部门向自己汇报情况。他为再次重组工作做好了准备。由于 IT 部门在公司内部的主要服务对象就是生产和销售部门，他推断，这三个相关部门应当直接向同一位高管——运营部门的 EVP——汇报工作。这个举措是很正常的，但是下面的做法很令人惊奇：他把 EVP 的职位交给

第四章

戴安娜，指出这些部门应当以不同方式运营，而戴安娜的变革管理才能就是自己所需要的。她要解雇那位工作了很多年的生产部门的经理，戴安娜可以自己选择接替那些工作的人。

在成为咨询师前，戴安娜曾担任着销售部门的生产和库存控制管理的职务。在她的顾问生涯中，她亲历了很多生产的运营过程。但是她既不是销售部门的专家，也不是生产部门的专家，她很担心将要接替的人选对自己有看法，特别是自己想要改变他们习惯的时候。她面临的最大的问题就是，不了解生产中的根源问题。生产部门退休的总监采用了掩饰部门错误的方式，她知道这个部门不好对付。再加上总监已经退休，戴安娜更怀疑一些经理会向自己隐瞒这个部门的问题。她特别担心的一个问题就是，为什么长期以来生产率在缓慢降低。是因为新业务的介入，还是因为这个部门的管理方式有问题？她知道维护成本正在逐渐增加，那是造成生产率下滑的原因吗？工厂一直保持着高质量的产品生产，但是在过去两年中残次品的成本还在不断地增加，这是为什么呢？

当她提出了这些问题，戴安娜邀请了几个外部的顾问提供不同类型的帮助，她决定打破一些常规的做法。她聘请了三位以前她曾经用过的人，他们是直率、诚实、值得信赖的。一位是原来的主管，现在退休了。另一位是CFO，戴安娜曾经与之在IT部门的预算工作中共事过，非常熟悉。还有一个人就是IT部门的主管，他和生产部门的工作交流频繁。

采纳建议的类型——战略的、运营的、政治的和个人的建议

她询问三位，他们认为目前自己面临的哪个问题是最重要的，得到的答案就是，所有人都认为是生产问题。退休的CAO认为，她可以询问一些生产部门职位低于总监的人，而不要只相信直接向她汇报工作的人，他们比任何人都了解问题的所在。他认为他们以前常受到退休的主管的胁迫，但是是很好的员工，因此他们的想法大都没有被采用。他指出了一些可以提供帮助的人，并推荐了一些值得询问者的情况。

采用内部的专家来弥补知识缺失

从请来的三位专家口中，戴安娜了解到有些人能够给自己提供准确信息。在后来的一周中，她在办公室中召见了所有这些人。她说："我不希望成为所有人都向我汇报的新老板。"在七个人中，她请三个人和自己再次交流。戴安娜任新职位的头六个月中，她一直和三位专家探讨，常常是在午餐或晚餐期间。她说："在吃饭期间交流，他们会比较放松，我能让他们说出更多的情况。我们可以交流更久一些，而不会被打断。"她采用这三位专家的原因在于，在每次和这些人谈论生产部门的运营问题中，他们都能教给自己一些新的东西，例如能了解信息是如何对服务产生影响的。另外，三个人都向她提供了很特别的东西。她说："他们经验丰富，与常人不同。其中一人在生产部门工作了很久，与供货商团队很熟悉，他了解部门的历史。另一位对库存和交易非常了解，熟悉每个流程，并知道如何运作。还有一位在来生产部门前在财务部门工作，对成本结构很了解。在我不知所措的时

第四章

候,他们都为我提供了了解谜团的有效信息。"

戴安娜一直和这三位专家保持着密切的联系。最初,她间歇性地询问他们,主要是要验证其他人汇报的情况。后来,她把他们请到战略会议上来。她还请他们帮助自己准备和CEO的会面,以及在董事会上的发言。

戴安娜后来又引入了一些外部的专家,但是在她充分了解了部门的情况,并衡量了自己需要立刻解决的问题以后才找的外部专家。她说:"当然,我来自咨询行业,知道应当避免的错误。但是,我从来没当过咨询顾问的客户,我希望得到有用的帮助。肯定有我们不懂,也不知道如何去做的事,而那些事又对成功很重要,我们需要那些领域的专家的介入。但是,我一定要谨慎地选择我花钱找来的专家。"她不同意采纳长期的项目,而是喜欢采纳可以估量的短期的项目。她还强调,顾问在工作期间,应当把知识和能力传递给制造部门的员工。他选择了唯一一家能够知道上述想法的咨询公司,让咨询公司的高级顾问和自己的三位智囊定期会晤,还邀请他们也参加各种会议。

戴安娜说自己从选择内部专家方面学到了很多。她说:"他们毫无保留地回答我的问题,并指出前进的方向。但是我发现他们绝不回答我的问题之外的问题。当我意识到这点时,我知道自己询问的问题是多么的重要。但是最初我也不知道哪个是最正确的问题,我就请他们说出应当提的问题。这让我们的关系到了一个新的高度。当我做顾问的时候,没有哪个客户问那样的问题,其实他们应当问的。"

采纳建议的类型——战略的、运营的、政治的和个人的建议

戴安娜拥有自己变革的能力,不是因为她拥有了所接管部门的专业知识或经验。为此,有时管理变革是个值得探讨的问题。在她这个案例中,她后来需要接管的三个部门,都比以往更有效、协同地运作着。最初戴安娜不能充分管理她的下属,但后来的成功说明了她能够在正确的时间发现并使用正确的帮助。

具有战略眼光的进言者能帮助管理者形成未来发展道路和前进途径的愿景。运营专家能够提供解决实时问题的技术。他们都是很重要的,有时在根本的变革中,持久的成功需要更多这样的专家。领导者应当能够在建立联盟之初,知道谁能支持自己(包括谁将能帮助自己),知道谁不能帮助,为什么不能,并理解下属经历对控制成功过程的必要性。这些能力不是所有有雄心成为高管的领导都具备的。[2]那些人都在努力提高自己的战略和运营能力。特别是在企业需要变革的时候,需要的是政治方面的建议。

政治方面的建议

政治方面的进言者理解实现新战略或者改善运营效率将要面临负面的影响。他们能够指出对于新领导成功最重要的关系是什么,帮助他们作出精确的决策,他们对领导有很大的影响。政治方面的专家也会将领导的决策制定和学习方式与他所继承的信息和辅助方式进行比较,并且提供更适合的建议,包括可能的员工变动的建议等。一位政治方面的专家为新领导制订雄心勃勃的计划的时候,可以能会提出

第四章

新的结构,帮助领导思考如何面对关键问题,并提出变革所需要做的准备工作方面的建议。

对于处于两种情况下的领导而言,政治方面的专家是能够从其身上寻求实现战略所需要的文化变革的人,也能够帮助领导者预期在组织或人员变革的过程中能够做哪些准备。在一些环境下,政治方面的专家能够将战略和运营方面的建议融合起来,就像发生在克里斯那个例子中的情况一样。政治方面的专家可以判断联盟中哪些成员的支持是必要的,并且理解变革的持续性。一位合格的政治方面的专家常常能够比领导更知道实际需要的支持和领导所倡导的责任的执行程度。

值得信任的政治方面的专家在领导追求个人的职业生涯道路中遇到战略问题时,能够提供咨询。政治方面的专家可以帮助他谋划职业成败,分析他想要采纳的对职业生涯影响很大的战略的对错。有时,这些职业影响的问题直接涉及到一些复杂的,发生在CEO和董事会之间的问题。

复杂的消息和延迟的决策

杰里米(Jeremy)是公司的创始人,一直是公司唯一的CEO。在他执掌大权的时候,一些新的产品能够带来巨大的利润,但是成本增长超过了利润的增长。直到他们股票上市后,他才发现这个问题。这时,问题非常明显了,投资者抱怨利润的下跌。那些有更多资源和更好运营规则的大公司以低成本进入了市场,使杰里米公司的销售业绩下滑。由于他

采纳建议的类型——战略的、运营的、政治的和个人的建议

们从来没有强调过成本控制问题,成本继续升高。公司花了四年的时间来重新分配并重组资源,才使得运营恢复。最后利润又开始增长。

但是这些变化都是以杰里米个人的损失为代价的。另两位创始人决定离开。他们三个人从组建的早期就开始亲密地合作,杰里米一直很依赖他们的想法和支持,也非常珍惜他们的友谊。他们的团队一起处理了许多大的战略问题和政治问题,即使没有先前的经验他们也能做到。所有人都把他们三个看做亲密无间的伙伴,很难想到他们能分开。

随着公司的发展,他们逐步采用了一些新的程序和系统来保障公司的成长。所有一切运行良好,但是杰里米对工作越来越不满意。他极度焦虑,告诉董事会自己想不管了,让他们去做决策。董事会决定从外部寻找人选做CEO,来接替杰里米的工作。但是6个月过去了,还是没有人能接替杰里米。期间,杰里米也和董事长说过自己已经休息好了,能够重新胜任。董事长不确信是否自己的意图使寻找新CEO的工作暂缓,但是他们没有讨论过这个问题。最后找到了两个外部很有能力的人选,其中一人在其他公司工作,另一个人在老板知道他要被其他公司挖走后,被升职。这个行业就没有其他人选了。杰里米觉得董事会没有完全下决心,这样就失去了两个最好的人选,因为他们没能很好地推销自己。他认为公司有着很诱人的目标,但是没有好的管理程序。他没有说出自己的想法,杰里米还是没有和主席说自己仍然想离开。

第四章

　　几个月以后,公司推出了一种应用广泛的新产品。销售量和股票价值都在提升。不久,很重要的一位工程师去了竞争对手的公司工作。他本来是被考虑成为杰里米的继任者,但是当他得知董事会正从外部寻找合适的人选,他推断自己被提升的可能性很小。杰里米决定在新人选被任命前,技术部门应当直接向自己汇报工作。他还担心的是,销售部门长期以来工作业绩不佳,不能适应企业规模和复杂性增长的要求。但是杰里米从来不擅长面对负面的反馈,特别是不了解忠诚的员工。他没有直接解决问题,而是决定自己加入销售部门亲自挂帅,和销售部门员工一起共渡难关。

　　杰里米也对自己目前面对的问题很发愁。他的经理甚至和他开玩笑说,他们介入也作不出决策。当杰里米和秘书抱怨花费了太多时间在办公室中,而不是和客户在一起,秘书认为杰里米把所有问题都当做最重要的,并花费了大量的时间在那些上面,其实很多问题可以交给下属解决。杰里米接受了她的批评,但是不知道如何改变。在这一年中,他一直就深入基层了解更多的直接汇报,不断出差还加班工作。

　　工作压力带来了健康问题,他患上了坐骨神经痛,还感染了呼吸系统疾病。杰里米不能再忍受在这儿工作了。因此,他再次向董事会提交申请说明自己需要退休。但是当董事长告诉他一项新的研究和以往没有什么不同时,杰里米立刻就忍不住责怪董事长他们没有努力工作。剧烈的变革不久接踵而至。总裁也责怪杰里米一直不说明到底是要去要留。会议以紧张的气氛结束,没有任何结果。

采纳建议的类型——战略的、运营的、政治的和个人的建议

杰里米很尊敬的主管和他进行了一次会晤。杰里米说自己希望在准备退休的时候，公司应当比以往运转得更好。他承认缺乏正确的程序，决策制定也很慢，效率很低。杰里米说："我一直以来都试图运用大公司的运作方式，现在我意识到，如果没有现在的运作方式，我们不能把业务做到今天这个规模。但是我还是没有制定一些规则，或者雇用人们认为需要的那么多的人。"他说，他对董事长很不满，当然对自己也很不满。主管则认为，他和董事长之间没有充分的交流，双方都应当自责一下。但是在目前的情况下，为了使公司更好，也为了杰里米本人好，应当采取一些措施。主管推荐从外界找一些专家来，那些专家应该是比较客观的，他们能够倾听杰里米和董事长双方的意见，并且认为"他们可以齐心协力"。杰里米同意了。主管说他将努力去找一些专家来。

认清领导风格、目标和关系

杰里米一直以来对从外界寻求帮助没有什么经验，不知道外界专家可以做什么。他会见了一位主管推荐的顾问，那个顾问也会见了董事长。当顾问询问杰里米谁应当成为公司的主要成员，是杰里米还是董事会成员，这时杰里米反问他到底什么意思。顾问回答说自己认为杰里米应当是，而不是董事会成员，因为是杰里米掌控公司的盈亏，而不是董事会来负责，同时也是公司而非董事会来支付顾问的咨询费用。杰里米很高兴听到这番话，但是也很担心主席听到这样

第四章

的反馈。顾问说他已经向主席提出了同样一个问题，并表达了同样一个观点，主席也同意了自己的说法。杰里米很惊讶的是，顾问能够很直白地说出那样的问题，也知道本来顾问可以不冒险提那样的问题的。他本来应该远离不利的氛围，但是还是选择了一个直接的方式。他意识到，顾问的这个方法一定是酝酿了很久。他推断自己可以从和这位顾问共事中受益，决定继续聘请该顾问。

顾问和杰里米以及几位汇报人一起讨论公司的战略，讨论实现战略必须要实施的变革，以及杰里米制定决策和管理团队关系对战略形成的影响。他也和每位领导讨论与杰里米和董事会之间的问题。通过几周例行的会议，杰里米和董事会达成了第一次的共识。杰里米说："我从中受益的最大一点在于，我通过和董事交流，知道了问题所在。"他还知道了自己如何做才能使总裁按自己的意思行事，他也开始从总裁的角度理解他们之间交换意见的重要性。他还说，顾问"帮助我找到了与众不同的做事方法，并且避免了所有的焦虑。"

顾问和高管团队一起参加董事会议，和杰里米一起在现场办公，然后同高管和主管们沟通。最后他再和杰里米会面，这次比较直白地面对杰里米，以及杰里米和董事会的关系。顾问开始通过有技巧地询问杰里米为什么在成功的过程中一直犹豫不决，而在实地考察的时候和与高管的会议上却很清楚。在后来的情况下，顾问注意到杰里米逐渐能够控制交谈的方式，能清楚地了解自己想要的发展方向。

采纳建议的类型——战略的、运营的、政治的和个人的建议

顾问认为杰里米的决策方式已经开始接近明确重要问题的阶段了：首先，他开始进行假设；然后将假设应用于公司的实际中；接着，他将展开一系列的对话，通过提出问题，别人回答，逐渐找到答案，接着再提问，再回答，如此往复。最后，他能够把这些零散的答案组织起来，然后得到想要的途径。他和其他创始人过去的成功可能遵循的就是这种循规蹈矩的方法。但是，在成功的问题上，他从来没有非常确信对最初的假设，也从来没有和董事会展开过谈话。结果杰里米不能实现公司的未来发展计划，而这些计划是董事会未来发展的必要指南。

顾问还认为，在杰里米确定了是否还在公司继续任职以后，主席和主管才会相信董事会能够执行成功的计划。顾问说，为了达到那样的效果，需要采用一问一答的方式来鼓励董事会执行计划，同时那也能帮助杰里米知道如何行事。董事会似乎愿意按照杰里米的想法去做事情，但是不知道可能做的是什么，并且也不一定能做好。杰里米承认，自己很不自信。

在后来的会议中，杰里米和顾问讨论了自己的未来计划和他离开公司的劣势。和一些不是领导的下属员工讨论这个问题会给他们提供新的思路。杰里米阅读了顾问推荐的文章和书，了解了其他领导怎么执行和自己想法一样的计划。他还和两位退休的 CEO 讨论了情况。杰里米渐渐意识到在公司发展到一个新的高度并且能够成功运营以前，自己还是不想离开公司。他估计了目标的可行性。他还承认自

第四章

己无法把公司带到那样一个水平,他需要一些和自己具备不同技能的人来辅佐自己。

杰里米相信自己发现了成功的根源,但是他担心董事长会不同意。顾问说他们只完成了一半的任务,另一半的任务是要让主管自愿完成他们满意的结果,他们需要找到这样的方法。为此,杰里米要明确指出他想要的结果,还要说明他的担心和保留的情况,并倾听董事长的意见。

杰里米建议顾问和董事长单独会面。顾问拒绝了,他认为最重要的是杰里米和董事长之间的一问一答式的对话。如果杰里米和董事长希望自己参加会议,自己可以前往,但是杰里米必须自己负责任。顾问说:"这是你在这种环境下的唯一选择。如果你对此没有自己的想法的话,你只能指责自己。"他们最后达成一致意见,让杰里米和顾问一起和主管会面。在准备了一些他们需要讨论的议题以后,主管和杰里米将一起去和董事长开会。如果他们愿意,最后杰里米和董事长共同签署的一份意向,并呈交董事会。

在第二次会议上,董事会同意了成功的计划。他们决定聘任一位 EVP 去管理销售、市场和研发和业务开发部门的工作,这些部门和工作对公司未来发展都是很重要的。如果新的 EVP 工作很好,一年以后,他将成为 CEO,并自己管理这四个部门。那时,杰里米将不再担任 CEO,但是仍在董事会任职。

在写本书的时候,新 EVP 已经在他的职位上工作了八个月了。他与杰里米配合得很好,他开始在公司内部建立起巩固的关系。他来自于杰里米期望规模的一家公司。同时,

采纳建议的类型——战略的、运营的、政治的和个人的建议

让杰里米高兴的是，新的 EVP 尽管非常熟悉这类公司的规则和系统，但是并不循规蹈矩，能避免发生腐败现象。他正走在成为 COO 的道路上。

发生了什么情况呢？杰里米遇到阻碍的原因在于他没有和主席建立一种良好的关系，这使他的工作身陷重围，这些问题对于公司和自己的情感来说，都很重要。同时，他也没有建立一种能够基于自己风格的对话机制，没能说出自己明确的想法。杰里米也没有主动寻求帮助，是主管让他认识到了需要寻求帮助，但是他还是孤注一掷。尽管他的风格已固定，很难让自己改变想法，他两次试图让顾问替自己说话，但最后还是接受了意见，并且自己在顾问提供的计划和其他人的建议下完成了任务。和戴安娜的情况不同，他没有通过询问正确的问题，或者采用正确的方法来解决问题。他的问题是要理解政治环境，并且能够满足其他人的需要，让他人的需要和自己的决策风格能够匹配。那样做需要具备的因素有：关系、情感和控制其他相关人的能力。要理解董事长看待问题的方式。要理解自己的想法，并且要广开言路，制订获得一致意见的计划。

第四类建议直接与领导的情感和潜在的动机有关系。

个人方面的建议

领导个人建议的来源往往来自配偶、亲人或者亲密的朋友，这些人都关心他，希望他朝好的方向发展。在长期的密切信任关系的前提下，领导能够放松警觉，并在身陷困境时

第四章

吐露情感并表现出矛盾的一面。个人建议方面的专家的洞察力和支持能够鼓励领导和他们分享更多的个人情感。结果可能是达到深层次的信任,有时这种关系在领导管理团队中能起到重要作用。贝丝·杜鲁门(Bess Truman)和她曾任美国总统的丈夫哈里·杜鲁门(Harry Truman)的关系就是一个很好的例证。杜鲁门的政治问题顾问克拉克·克里福德(Clark Clifford)说:"贝丝·杜鲁门是她丈夫很好的支柱。她能给他提供很好的建议。因为她不愿意在公开场合露面,大部分人都不知道她在杜鲁门生活中的重要性。他们的业绩很辉煌。杜鲁门常常不善于分析身边的人,也不太明于辨别这些人是否忠诚。杜鲁门夫人却比她丈夫更有洞察力,更清楚他身边的人谁比较值得信任,也能帮助他远离这些可能存在问题的人。"[3]

面对他人的高期望

个人方面的建议往往对于新领导来说特别重要,特别是来自公司外部的新领导更重要。人们对他们的期望很高,在他们就任以前,下属就对他们有了早期的印象,而上级也希望他迅速取得成功,以判断自己的任用是正确和明智的。新领导也可能继承一些管理支持和信息系统,但这些系统可能不适合他自己的学习或决策方式。伴随着通常要建立新关系的紧张情绪,领导最后面临的压力可能更大。在这种情况下,如果能得到个人方面的建议,情况就大有不同了。但是,正如第二章中提到的戴夫的例子,对于处在压力之下的领导

采纳建议的类型——战略的、运营的、政治的和个人的建议

得不到之前的良好关系是很正常的。他们也会忽视来自各方面的个人的建议。

领导和进言者的关系重要吗？如果进言者不喜欢或不尊重领导，他的意见能是最优的吗？友谊能起到何种作用吗？这些都取决于帮助的类型。对于战略性和运营性需求，答案很明确（"考虑到所有情况，对我们来说是该这么做，还是该那么做"，或者"现在我们要降低成本，需要了解那些不知道的情况"）。进言者的答案基本包括一些知识和观点，在这些情况下，领导和进言者的关系并不太重要。

当领导面临政治问题，特别是当这些问题对他个人情绪影响很大时，个人方面的建议就很重要了。例如，当他和同事竞争升迁的职位，后者反对一些变革，当这些变革已经对反对他的同盟有影响时，他必须要信任那些进言者，要与他们分享自己的担心，并说出平日隐藏起来的想法。如果他不得不改变做法，以面对那些威胁时，他可以求助政治方面的专家引导自己行事。领导需要做的变革越多，就越难行事，进言者的激励也越重要。这时也是验证他们之间关系的重要时刻。他们之间的纽带越多、越紧密，看清情况的可能性就越大。

更可能的情况是，个人的需求要求领导和进言者之间关系紧密一些。第二章中所提的韦恩的案例就说明了领导的情感可以在关键时刻影响其判断。如果没有可靠的人选，需求就不要提了。特别在这个时期，进言者是唯一可以有不同反馈，并解释他人能看见的、但领导不知道情况的人。那时，

第四章

进言者可以充当领导的保护者。为了指出领导看不见的情况,或者不愿意看到的情况,领导需要和进言者建立纽带关系,让其眼明耳聪,及时了解新信息。下面看看柯特(Curt)的案例。

来自公众的压力

柯特毕业于一所著名的德国大学,获得了统计经济学博士学位,他在巴黎一家的国际咨询公司工作了4年后,在欧洲商学院获得了学位。不久,他加入了一家总部设在欧洲的财务服务公司。两年后,经过一系列成功,他被调到公司总部工作。在接下来的6年中,他在澳大利亚开设新的办事处,并管理美国的办公机构。不久,柯特被任命为新设立办事处的主席,该办事处成员还包括主席兼CEO、副主席兼CFO,还有一位管理一些业务的EVP。CEO62岁,CFO59岁,EVP53岁,柯特46岁。

他的任命对于一些人来说很惊讶,那些人本来期望能来一个年龄大一些的、权力更高一些的人。柯特已经在公司中工作了12年,并且在5家公司就职过。大家都认为管理一些业务的EVP将成为CEO。公司的退休年龄是65岁,CFO在原职干几年就到65岁,该退休了。柯特的晋升引起了人们的议论。许多有经验的高管都希望采取柯特提出的新措施。

柯特既自信又有头脑,他能熟练地使用4种语言,并能理智地把握自己的思想。他在公司中的业绩很好。只有一点儿负面的评价就是反馈他比较冷淡,从不说出自己的观点和感受。柯特在新公司的头6个月中步伐很快,他需要学太多的东西,要承担很多责任。他努力工作以完成新任务,他似乎不顾一切地努力着。但是别人根本不知道他有多大压力,也不知道他为新工作付出了多少时间。

柯特为自己在缺乏资源的条件下的独立工作精神感到自豪,但是新工作的压力、缺乏休息,以及缺少社会交往,开始影响他了。他感到自己的判断不够准确,有时有些不知所措。自从他经历了全新的评估以来,柯特一直努力工作,以得到自我的满足,并且培养着个人能力。通过现有的评估,他担心公众对自己过于关注会使自己犯错误,他的竞争对手也将利用自己的错误。他决定去趟欧洲,探望住在德国的母亲。

找到发泄方式:一吐为快,认真倾听

柯特的母亲曾经是家庭的主心股。在父亲去世后,母亲在儿子教育方面作出了很大贡献,她一直都在柯特需要自己的时候出现,并提供帮助,或者仅仅和他交谈。其实,柯特回国探亲的最初想法是想放松一下,但是在他和母亲第一晚在他小时候居住的公寓里共进晚餐时,他向母亲诉说了自己在美国的生活,说出了自己有情绪。他后来回忆到:"那时的情况是我从来没有遇过的。我和母亲交谈,在那个家里我觉得很安全,同样的家具、同样的母亲做饭的味道。我承认自己对所取得的成功很自豪,但我很孤独,我不相信他人,也不能

第四章

发泄，没有减负的途径。"他们交流了一夜，直至第二天。他说自己害怕失败，害怕表现出懦弱的一面。这些担心影响了自己的决策。柯特的母亲认真地倾听着，并提问题，鼓励他说更多的情况。

最后，母亲给他提了一个建议。他后来回忆："她说我对自己的期望过高，像个孩子一样，这让她很担心。是自己给自己施加压力过大，而不是竞争对手在给自己施加压力。那样，我将被竞争对手打败。她说比较好的情况是，对手可以不做任何事就让我失败。尽管我没有说什么，但是那样的情绪会长期伤害我，我不能有工作以外的生活，自己的压力越来越大。我想了很多，当母亲那么说时，比自己的任何思考对我影响都大。"

柯特回到美国，觉得比以往轻松了许多。在和母亲待的那几天中，他看到了新的希望。他知道和母亲交谈后，自己已经休息好了，可能是因为她是第一个无偏见的、值得信任的，可以和自己交流的人。在接下来的几个月中，柯特努力留出空余时间参与社交活动。他的成功在于他刻苦的工作习惯，他已经有了很大进步。后来，柯特被邀请到城市一家大医院的奠基仪式上。他决定参与一些社会活动，为一些人服务。他的奉献和努力，以及财务捐赠使他成为医院的理事。由于经常出差和烦琐的工作，他几乎没有时间参与其他活动，但在医院的活动已经足矣。

CEO还有一年就退休了，柯特似乎接管了更多的工作。如果他愿意，还有更多的事，让他走上成功道路。其一就是

采纳建议的类型——战略的、运营的、政治的和个人的建议

要探望母亲。她的倾听和对自己情绪的关注鼓励柯特说出心中的想法,她的建议对他影响很大,没有人可以替代母亲。柯特也是值得信任的,他意识到自己需要有所改变,并去看母亲。他倾听母亲的意见,没有任何偏见。

这一章分析了采纳建议的复杂框架的第一个因素:四种类型的建议,适合四种情况下领导变革的需求——战略方面的、运营方面的、政治方面的和个人方面的。也描述了不同的领导处理建议的表现。我们下面将讨论框架的第二个部分:提供建议的人。

第五章 进言者的类型
——专家、有经验的人、能产生共鸣的人和伙伴关系的人

在辅助的关系中,不同类型的进言者扮演着不同的角色,每种角色要求领导者和进言者以不同的方式进行交流。在一些案例中,那些善于管理这些关系的领导者能够长期对建议的有效性和可行性作出判断。而整理这些帮助的决策最惯用的第一步就是,找出在特殊问题面前需要哪种类型的进言者。

专家型进言者

进言者和专家是有些区别的。进言者在一些特定的领域学习过,那些领域包括质量控制、预算或者是组织文化的研究等,他们在那些领域中深入、细致地学习过,他们了解该领域的变化,也知道一些相关因素的关系。这类进言者中最好的人可以清楚地解释这些关系。那些寻找进言者的领导

第五章

者应当准备一些问题来了解自己的需求,他们的问题应当有一定的广度和深度,以了解那些专家。我们在第四章中提到的戴安娜在她遇见了一些潜在的企业运营专家时,就熟练地采用了这种方法,她任用了三个有特殊知识背景的人帮助自己,能够解决自己在管理中的困惑。

如同我们在第四章中所使用的比喻,就像为健康诊断一样,领导者不是通过诊断而是通过症状判断病人的问题。如果最初专家的判断正确了,那么判断过程就可以结束了,但是如果病人的症状超越了最初看病时的情况,病人就会去找更有权威的专家诊断这种不常规的病症。这个例子不是要说明专家就是很好的医生,只是想说明存在一些好用的专家。如果专家也要求做个检查,他可以询问其他的专家,或者根据更进一步的知识来考虑结果。在最后的分析中,对病人最好的诊断既依赖于需要诊断的问题,也依赖于每个医生团队中的专家。就像病人在最初的诊病阶段,领导者需要为组织所需的变革做准备,但是通常只是一些粗略的准备。为了找到问题答案,他需要寻找一些比自己拥有丰富经验的专家。最好的准备方式是什么呢?第一步就是了解专家能够提供特殊知识的领域。

第四章描述了四种类型的建议,这些建议与基本的管理需求是相吻合的。而领导者应当在那些领域中找寻什么呢?因为其中的三个领域(战略的、运营的和政治的)要具备完备知识体系,因此要熟悉这三个领域,就会帮助领导者找到能满足自己需求的专家。

战略专家

战略方面的专家应当能够理解行业的本质和变革,以及生产产品和提供服务所需要的技术,并了解驱动行业发展的经济状况(特别指成本结构对经济规模的影响,以及数量增长对利润和收支平衡点的影响)。战略专家应当能够详细说出解决企业长期的财务状况的一两条途径。那些服务于非营利性组织和政府部门的战略专家还应当能够测评预算过程和预算的复杂性,还要分析政策制定的规则对不同股东的战略的影响,同时推动政策执行并提高服务水平。

战略专家应当非常熟悉竞争对手和那些可能成为他们竞争对手的组织,还要熟悉那些影响公司命运的公司。他们应当对可能影响企业的社会趋势很敏感,他们也需要足够的系统分析专家来将领导的独立工作看做是一个综合的工作,并且评估企业不同部门的问题,和其他领域的问题。他们还要把握可替换战略的相对利益,例如是要通过并购来使企业扩大规模,还是要通过研发投资使企业增长,抑或是在现有资金和市场状况下,通过降低成本使企业处于有利地位。

对企业外部好的和差的诊断、行业趋势的知识,以及竞争对手劣势的分析都是战略专家必不可少的能力。那些真正有效的战略专家也对潜在的竞争战略任务有很大贡献,并且有高瞻远瞩的目标。战略专家通过精心思考,制定了一些鼓舞人心的、明显可行的战略来为企业增加价值。但是,即使拥有了这些能够为企业带来价值增加的专家,如果他们不为企业进言献

第五章

策,他们也只能是明智的战略家,而不是专业的进言者。最好的战略专家是好顾问,他们能明辨领导要知道的情况,努力工作使复杂的分析结果容易理解,找到在复杂的竞争中立足的清晰途径。他们有自己的观点和建议,那样领导才会知道自己所不知道的战略选择。专业的战略进言者能够以一种领导者通过其他途径也洞察不到的方式,为领导者提供信息、分析和选择,让领导者知道他们推荐的战略是可行的。

运营方面的专家

运营专家掌握了企业在日常功能中的特殊方面。不考虑他的特殊性,运营专家需要关注事态的发展,那将会对企业运营效率有影响,还要关注当产品和服务面向消费者时,企业所采用的资源或者花费的产品。当战略专家在分析目前的情况,并且预测公司发展以使企业实现其目标的时候,运营专家应当考虑的问题就是,企业要扫除快速实现短期任务的那些阻碍。

可以在企业中找到这些能够直接分析企业行为的专家。早在20世纪70年代早期,人们就进行了一项针对美国管理协会(American Management Association)提供的101个不同的管理咨询专业的研究。[1]咨询业务的增长以及多年来的新技术的介入,确保了这些专业今天更完善了。例如,审计师应当对财务报表进行全面的理解,而这些财务报表能够反映企业的经营状况,是企业经营的依据。审计师应当了解一般的会计方面的数据(包括总账、应收账款和应付账款,以及总销售和管理费用)、成本会计(包括价格库存、产品和服务成本数据,以及订货成本系统等)、长期的财务状况(例如销售量、成本和收支回款等)、财务报告和控制(预算或现金估计),以及资本投资(资本分配和资本运营)。好的财务运营专家可能在这些数据中的一两类上很精通,能够解释它们对目前运营和总的财务健康状况的影响。他们能够鉴别出领导想要采取的战略是否与这些数据及其子数据相关,在每种情况下,要说出需要做哪些工作才能够提升企业的能力。财务运营专家是特别重要的,例如在完善《萨班斯—奥克斯利法案》的时候,就明确规定财务报告要准确、明晰。当公司面对新的法律条文的时候,就需要从公司寻找审计师帮助他们理解那些法律条文。

对于那些寻求运营方面帮助的领导而言,按照三个层次的进言者的方法思考是有效的。首先是那些具备分析问题的专家,可以分析出问题的根源,并提出解决方案。第二个层次的进言者可以做第一个层次的工作,同时也要补充解决方案,因为他们希望成为对领导负责的人。第二个层次的专家的问题更精确,并且比较有经验。第三个层次的专家结合了前两个层次专家的技能,能够培训他人,能传递能力和知识。

运营专家应当是很专业的。为了从他们中得到帮助,领导首先应当知道自己是否需要专家,是要简单提出自己的需求(当然在企业中的人受到了良好的培训时,这就足够了),还是要让他们解决表面上的问题(通常当企业内部问题解决不了时是必要的)?或者是培训经理和员工(通常在员工的

第五章

能力和企业文化允许的情况下是可行的)？

政治方面的专家

政治专家提出了一系列知识问题,它包含三个方面:(1)为什么人们要那样做？(2)正式组织和非正式组织的本质区别是什么？(3)团队是如何施压和参与竞争的？

人类行为。 在众多对人类行为的关注中,一个方面就是和政治专家、处于变革中的领导相关的,这项工作是由哈佛的戴维·麦克莱兰(David McClland)和申请了这个课题、并与他一起研究组织变革的人共同完成的。戴维·麦克莱兰认为存在三种不同层次的需求:对成功的需求(成功、竞争或者追求唯一的成就)、对富裕的需求(那是被特殊群体加以接纳和肯定的标志)、对权力的需求(禁止他人做一些事情,既包括对所有社会好的力量的,也包括对个人权力的追求)。戴维·麦克莱兰的研究在今天看来是对管理发展作出了基础工作。他从20世纪60年代以来开始工作,最初研究的是企业的氛围(例如存在员工有反对意见时),并且还研究管理动机和行为。[2]麦克莱兰对引起人们冲动的需求的研究,帮助他确立了在过去几十年中企业研究工作的地位。[3]丹尼尔·戈尔曼(Daniel Goleman)是麦克莱兰的学生,在他致力于人类情绪对工作的影响中,扩展了对政治行为的理解,建立了企业和政治成熟表现的模型。[4]随着技术进步,人类能更多地理解人脑,戈尔曼正在探索人脑的生物和化学元素的核心,以

进言者的类型——专家、有经验的人、能产生共鸣的人和伙伴关系的人

便更好地理解人们如何在企业生活中建立良好的政治关系。

组织结构。要理解组织结构的本质,就要从其起源来说起。企业组织结构的建立要追溯到早期的天主大教堂、欧洲君主专制以及军队。他们是权力概念的起源,随着某人在某个组织中权力的增长,就出现了一个组织中只能由一个人统领的局面。商业的概念来源于军队,在军队中武将和文官是有区别的,君主专制和有组织的宗教的区别在于,那些拥有强大力量的人有权控制他人行动。这些组织规则几百年来都没有遭到过质疑。直到20世纪60年代,随着美国航空工业的发展,人们意识到在一些制度下,两个人共主一事的情况就是矩阵型组织的雏形。

政治专家应当意识到,组织机构的变革能体现出组织是如何运作的,要通过一系列命令和期望,让人们传递信息以完成变革。但是,当政治专家意识到这点的时候,信息流和决策制定程序却不是那么正规和直接,而是交互式的和循环式的。加里·伊根(Garry Egan)是芝加哥大学的心理学家,把这些组织称做"影子组织",来表达这类组织的真实的关系和交流的方式特征。[5]

在考虑采用政治专家的时候,领导者应当了解他们在正式组织和影子组织中的经验。他能理解这些的结构的变化以及每种组织的利益所在吗?他知道每个组织的起源吗?如何为其设计发展?他能够深入组织,并且认真观察正式组织结构的运营,找到低效的原因吗?他能因为组织结构与组织的目的和

第五章

最初的目标相矛盾,而找到工作程序中的错误联系吗?他能够描述影子组织,包括影子组织中的人如何行事吗?他能够随着正式结构的变化让组织找到正确的变化途径吗?

权力。这些专家应当能够正确地判断个人和群体经常采用的控制和影响其他人的方法。那些奇怪的但能影响周围人的人,能够决定组织的方向,在一段时间内能够改变和发展组织。政治专家应当能够观察到领导人如何影响和采用微妙的手段来让下属按照自己的想法做事(而这一点领导者常常会忽视)。他们应当知道为什么取得控制权和影响别人是非常重要的,为了达到那样的目的,怎么做才能令人满意。最初的需求是要参与竞争或者获得组织中的一定地位,还是要得到人们的尊敬和认可呢(他们的意见很重要)?可能就是要寻求个人的利益,那包含了权力、尊重或者地位。不管领导最初的需求是什么,那些需求常常是来自多方面的,他们的进言者越聪明,他们能得到的帮助也越多。

对于政治方面的进言专家来说,理解在位者的权力是很重要的,他们需要专家和能够施加影响的组织机制。采用专家来获得权力的做法有着很久远的历史,这些政治专家应当很精通历史。特别要熟悉的人是马基雅维里(Machiavelli)、孙子(Sun Tzu)和亚里士多德(Aristotle),他们为其君主提供了咨询意见。现代的领导者也采用了他们的专家来获得影响力和控制力。包括弗兰克林·罗斯福(Franklin Roosevelt)、路易斯·豪威尔(Louis Howe)、德怀特·艾森豪威尔

(Dwight Eisenhower)、谢曼·亚当斯(Sherman Adans)、约翰·肯尼迪(John Kennedy)、罗伯特·肯尼迪(Robert),以及乔治·布什(George Bush)和卡尔·洛夫(Karl Rove)。

政府的内部工作可以给组织结构以启发,专家型员工可以帮助领导获得并保持他们的权力。一项对英国首相办公室政治决策机制的研究表明,英国首相有四个获得控制权力的因素:(1)他制定的政策是符合国家主流观点的,而他的专家能够准确把握国家的主流观点。(2)当出现一些不稳定因素的时候,专家和首相都要很好地沟通。(3)首相能够获得有力的支持者,专家能够准确识别那些支持者,在必要的情况下保护首相。(4)专家应当支持首相,但绝对不能多疑,或者在首相工作以外权力过多。[6] 这些因素对于那些公司领导、非营利组织的领导来说都是非常容易理解的。

从一些社会变革的领导人中我们也能学会如何获得权力,例如甘地(Gandhi)、纳尔逊·曼德拉(Nelson Mandela),他们没有军队,也没有贸易带来的经济威胁,他们通过陈述自己的价值观,改变了社会潮流。索尔·阿林斯托(Saul Alinsky)是芝加哥社区的一个有效组织的组织者,在20世纪40到60年代间,特别擅长识别和挖掘它的反对者的弱点,常常在那些反对者识别自己的弱点前占领优势,对于任何目的的竞争双方来说,如果能够做到这点是很有益的。在60年代他发起了一项运动,成立了"激进的学校",培育了许多下个世纪的社会变革组织。[7]

总之,进言者应当在下列三个方面拥有至少一方面的深

第五章

入的知识：战略方面、运营方面或者政治方面。领导者希望通过分析自己的情况来找到对应的知识，以决定哪些特殊性与他的变革议程和挑战具有相关性。然后，他应当列出自己知道的、似懂非懂的，以及他需要了解和避免的知识。这些步骤将能够助他寻找正确的进言者。但是仅获得知识本身对于需要变革的领导是不够的。他们同样需要技能、行动来适应一系列的变革。有时和一些处于同样问题的人交谈，可能有所帮助。

表5－1　四种类型的进言者

进言者的类型	领导者的收获
专家型进言者：拥有深厚的知识、运营方面或者政治方面的经验。 三种专家： 1. 鉴别、分析和推荐类型的专家 2. 补充和推荐类型的专家 3. 传递知识和培训其他人的专家	• **战略方面的专家**：他们广泛了解行业的知识，能够提供战略选择的模式，让复杂的情况容易理解。 • **运营方面的专家**：具备企业日常运营中细节问题的知识，具备解决突发问题的技术，能够找到有效解决问题的方法。 • **政治方面的专家**：他们明确员工的行为，理解企业中正式和非正式结构和程序的本质，以及那些组织是如何施加压力和参与竞争的。
有经验的进言者：具备领导者面临压力的第一手经验，能够把握成功的因素。	• 能够为领导提供不应当行事的人，这类人常常对新领导很有用。
能产生共鸣的进言者：客观的、值得信任的顾问，能够提供反馈，在领导描述所面临的问题前就知道情况，是领导依靠的安全港湾。	• 提供客观的反馈，积极地倾听，支持并认同领导的想法。
伙伴关系的进言者：与领导一起进行变革，深入了解企业情况的人。	• 积极参与变革，对结果负责，考虑并实践建议，提出信息反馈。

有经验的进言者

进言者的诚信通常来自他们所知道的情况,但是尤其在他们处在所经历过类似的情况下,或者经历过比目前所遇到的问题更棘手的情况下,他们是非常有用的。那些最有智慧的人常常是最有经验的。一个例子就是克拉克·克里福德(Clark Clifford),他被请去做美国总统的顾问:他服务于弗兰克林·罗斯福的、哈里·杜鲁门、约翰·肯尼迪,还有约翰逊。杜鲁门在没有参与政策制定前任副总统,以及肯尼迪在华盛顿只有有限经验时,他都出现在他们的早期团队中,有人和他们提起自己的前任的情况是很有帮助的。有时,甚至和前任的领导本人交谈都是很有启发意义的。例如,肯尼迪在古巴导弹危机期间就向艾森豪威尔和杜鲁门分别请教过。

专家和有经验的进言者与他们的领导者的交流是不同的,领导对他们的反馈也是不同的。面对一位专家型进言者,领导需要主动清楚地说明专家的任务、目标,并且询问正确的问题,同时认真倾听。而对于有经验的进言者来说,他们往往被看做平等的,他们提供的是第一手的想法,而不是专业的知识。我已经见证过许多领导,当然包括我个人,从前任中受益的例子,当然这种受益的前提是他们之间要保持良好的关系。许多前任领导希望能够提供帮助,但是他们害怕提供的是不可靠的建议,也要避免别人认为他们是在炫耀自己的成功。在许多情况下,领导者应当接近他们的前任,说出明确的需求信息。那些有良好关系的领导能从中学到

第五章

一些东西,但并不期望得到精确的解决办法。关键在于要"主动地倾听",鼓励进言者反馈他们在同样的环境下是如何做的。[8]下面看看杰伊(Jay)的例子。

前任的观点

杰伊刚刚接管了一家零售公司的最大的一个子公司。他的前任被提拔为公司的首席运营官,成为杰伊的直接上司。他们的关系是相互尊重,但是有些紧张。事实上,杰伊相信自己的升迁不是因为原上司的赏识,而是由于CEO希望自己成为子公司的统领。那个招聘自己来公司的人弗兰克(Frank)将在完成首席运营官工作后退休,之前他是杰伊这个子公司的领导。而杰伊目前的上司在工作的两方面需要向弗兰克汇报。弗兰克不仅管理杰伊,而且管理着杰伊的上司。

杰伊在弗兰克退休以后还和他保持着良好的关系。一次,杰伊和弗兰克讨论一个并购的机会,这个机会是杰伊所面临的最大的、最复杂的一件事。因为弗兰克曾经做过类似的管理工作,杰伊邀请弗兰克和自己会面。谈话很顺利地进行着,弗兰克问杰伊和新上司的关系如何。杰伊犹豫了一下,说不是特别好。杰伊后来说,他犹豫的原因在于是否要说出和上司的关系问题。他本来可以转移话题,不说他们的关系。但是,由于他信任弗兰克,并且这种关系已经让自己不舒服了,他决定把问题提出来。他说自己处于一种情况:上司总对自己的决策猜忌:"似乎对我所做的很不满意。我

进言者的类型——专家、有经验的人、能产生共鸣的人和伙伴关系的人

从来得不到任何正面的反馈"。杰伊和弗兰克的谈话如下。

杰　伊：是您招聘他来公司的吗？
弗兰克：是的，当我到他们学校招商的时候，我遇到了他。我从来没有遇到过像他那么自信成功的人。他是我最后招聘会面的人。我和他交谈了两个小时，然后带他去共进晚餐。我聘任了他，他在我这儿工作了五年，那是他职业生涯的开始。
杰　伊：您对他有很深刻的印象？
弗兰克：他是我看着成长起来的。他是个不善于掩饰自己的人。他的家庭条件不太好，自己很努力得到想要的东西。人们常常看不起他，这让他工作更加努力。
杰　伊：我对他没有那样的看法。似乎您对人的看法不来自其他人的观点。
弗兰克：对，是这样的。我感觉到，他没有到最需要他的地方工作，不管他多么努力地完成艰难的工作。但是他还是很安心地工作，没有什么焦躁情绪。
杰　伊：您认为他具备哪些公司所需要的特殊优点？
弗兰克：他有决心，而且有内在动力，但是很内敛。因为我知道他不相信任何人。他一直拒绝做一些事情。但是我感觉他还是很有竞争力的，也知道如何努力工作，他很聪明，对公司很有价值。

第五章

杰　伊：因此您决定攻破他不信任别人的一面？

弗兰克：那也是为什么他不掩饰自己所想的原因。我猜的十之八九是正确的。他经常按自己的想法做事，这使得他花费了太多时间学会和别人达成一致。当他提出唯一改进企业管理的办法是管理人，他就全力以赴。其实，那么做挺不容易的。

杰　伊：因为您看见了他的成长过程，否则您不会愿意提升他。似乎他没有您预期发展得快。

弗兰克：对，他的个人性格没有改变。但是，他在公司业务中已经非常成功了，在他管理的人中，大多数都能很好地接受领导（弗兰克随机列举了一些人）。

杰　伊：我没有意识到那些人在他手下是努力工作的。他们给人留下很深的印象。

弗兰克：他对手下就是很严格的。但是，有人曾经说过，由于得到了他的帮助，所以成就了他们的今天。

杰　伊：他们怎样做才能得到他的信任？

弗兰克：他们说他给予了很大帮助。他们询问他对问题的看法，并且让他了解一些信息，而他对那些根本不惊讶。他们找他提问题，而不是期望他主动向他们问问题，但是最后的交流却成了一问一答的形式了。我非常确信，那些去了其他公司做总裁的人，不会再和他保持联系了。

进言者的类型——专家、有经验的人、能产生共鸣的人和伙伴关系的人

杰伊总结了他们的谈话,他在和弗兰克半个小时的交谈中对上司的了解比自己在其手下工作四年中了解得还要多。他意识到自己需要比上司知道得多,而且要独立去工作。他说:"我最终理解了,其他处在同等情况的人比我了解得多。这个关于信任的问题比什么都重要。我知道自己没有使上司信任,我做得很不够。"杰伊的想法大多来源于弗兰克提供的细节信息。那也是杰伊主动请弗兰克说出的。杰伊积极地倾听,他的话表明他在认真倾听,也想听到更多的信息,需要认真理解,最终弗兰克道出了更多的情况。

对于新上任的领导者,有经验的进言者在他们最初接管公司,或者进入新公司的时候是非常有用的。对于那些在位的领导,如果目前面临一种新的挑战,有经验的进言者可以指出相关的缺点和他们凭借第一手经验就能够提供的资源。尽管有经验的进言者能够提供很多信息,但这种情况也不是很普遍。他们也希望提供零星的信息,而不是源源不断地提供信息,因为他们要考虑双方的情况。一些领导者的前任已经退休了,他们很少对后人给予帮助,因为他们想证明自己已经把工作做得很好了,特别是在需要剧烈变革的需求的情况下,更是如此。他们对过去的错误加以记录,但是根本不公开那些内容,而这些问题新领导就要再次面对。新领导要完成前任没有完成的工作。

发现有经验的进言者

人们能够发现那些不是前任的有经验的进言者吗?很

第五章

少有新领导会有时间研究这个问题。对于那些有经验的前任来说,其中大部分人还是习惯于自己做决策,愿意自己承担责任,而不是站在幕后,尽管他们的管理和领导能力可能比不上那些进言者。此外,前任领导的建议,常常使成功和失败的因素受到了限制。他们很少会考虑变革,或者见证大规模的变革的情况。如果你站在和你同样地位的人的角度,去理解目前面临的情况,你就会知道他们应当是很谨慎的、很注意的,而不能只依靠他们的经验,并且要指出一条明确的途径。

另一个有经验的进言者就是目前的领导。多年前,青年总裁组织(Young Presidents Orgnization)给予我很大的帮助;今天,许多跨国网络组织也起到了同样的作用;一些高校也提供类似的服务。在20世纪80年代早期,波士顿大学的杰夫·米勒(Jeff Miller)就加入了制造行业圆桌会议组织(Manufacturing Roundtable)这一行业的联盟。这个组织面向制造行业公司的管理者,提供最新的研究成果,帮助他们和其他公司的相关人士结成有效的联盟关系。不那么正规的组织也可以兴旺发展。一次,我发现自己正给八位处于相同情况的人作咨询,他们当中每个人除了我都没有别的倾诉对象,他们向我诉说了他们公司的问题和个人职业生涯的发展情况。当我请他们到一起时,所有人都充满了热情。这些人会面的结果是,他们大多数人和其他人保持了密切的联系,并且多年来,他们之间产生了共鸣。

产生共鸣的进言者

产生共鸣的进言者是领导的非常准确反馈的镜子,他们能够对领导者的反应和情绪作出客观的反馈。领导想要获得的东西别人比他更清楚(比如他们会说:"你试图要自己控制局面,但是很犹豫。那种情绪可能是愤怒,或者是沮丧……")。这些有共鸣的人的反馈也能够使领导在复杂的情况下,从零开始,指导下一步如何做("当你到了那样的情况下,你希望发生的事情是……")。

远离领导所处的环境的人能够提供有价值的因素,但有共鸣的人通常不在领导者的企业工作。正如前面所提到的,这种类型的进言者常常是配偶或者亲密的朋友。尽管有时领导者会发现有员工也适合充当这种类型的进言者,就像几年前我在得到高管职位前一样。吉米·理查德(Jim Richard)在我的网络中充当了政治方面的进言专家。他加入我们公司要担当两个职责:首先,他曾经在一家中等规模的制造企业中的工作经历能够给我的员工提供帮助;其次,他能帮助我改变企业的文化。因为他是企业的员工,经常参加会议,因此能不断地了解企业的政治氛围和环境。这些观察对于他提供建议很有价值。尽管吉米也是一个有经验的进言者,也是我客户的专家,他对我来说最大的价值在于能和我产生共鸣。当我需要验证一些还没准备是否告诉别人的想法之前,或者想要表达我的沮丧和担心时,吉米总会出现。他认真倾听,并且热心地帮我分析焦急的原因。他不判断我做法

第五章

的对错,但是也毫不犹豫地给我直接的反馈。专业的倾听、耐心和无偏见的立场、忠实的反馈,以及充满热情都是吉米所具备的,这使得他成为一名能和我产生共鸣的人,是我曾经采用过的最好的一个人。

　　来自有共鸣的人的有价值的建议的第一个前提条件是,领导非常信任那个人,要完全把自己的情况和面临的情绪都告诉这个人(自尊、气愤、激怒、沮丧,甚至恐惧),这些情绪会对作决策有影响。第二个条件就是进言者需要客观,这样他才能将自己所处的环境和领导的处境分离开来。

　　个人方面的进言者,他们见证了领导者这个时期的反应,希望对他有所帮助,常常充当共鸣者的角色。如果他们的建议很有帮助,就需要有第三个条件:一段时期以来,领导者必须和那些个人方面的进言者阐述公司的情况,以及与其共事的人的情况。很多年前我曾面临过一次非常复杂的情况,我和妻子的讨论给我留下深刻印象。当时的情况是,我要面对公司中的三个人的情况。客观的做法应该是让他们都降级,那么做很可能有两个人会离开公司,他们虽然有很大的经济贡献,但是管理能力很差。如果没有意识到这点,将会因为他们的经济贡献留住他们,这就会导致公司的效率不佳,破坏了我刚才所陈述的上面两个价值观。不要让短期的利润影响你做正确的选择,对于这个层次的管理者来说,要注重他们管理人才的技能,而不是注重他们个人的贡献。

　　我妻子的反馈让我很失望,因为她反馈的是单方面的个人的观点,是基于不知情的一些细节的缺点而作出的反馈。

她的评价是,尽管我是头脑清醒的,但是我忽略了考虑两个人的个人贡献。她不理解我的想法,然后不得不提出一些重新安置那两人的方法,让他们高兴地留在公司。最后我按照她的一家之言和她讨论了当我受到挫折时的想法。她和其他能产生共鸣的进言者一样,知道的只是我告诉她的那些。她的建议是令人失望的,因为我没和她说明所有的情况。

专家、有经验的进言者和能产生共鸣的人,他们的作用都很重要,他们都对最后选择有帮助,但不具备决定权。第四类的进言者是更密切地接触领导者的人。

合作伙伴关系的进言者

合作伙伴不同于其他类型的进言者有三个方面:他们和领导者的接触时间和密切程度、他们采用的工具和技术的方式,以及他们和领导的关系。

合作伙伴关系的定义:不断与领导者接触

与其他类型的进言者相比,合作伙伴有更长的时间和领导者在一起。只有在进行一个项目或者在讨论某个特定问题的时候,才需要专家型的进言者。领导通常在他们到新环境的早期或者遇到新问题的时候,会需要有经验的进言者。领导者在面临两难选择,或者需要企业外部特别信任的人的时候,他才会偶尔地求助于能产生共鸣的人。相比而言,合作伙伴的效率要取决于他们与企业的接触。有时,合作伙伴

第五章

关系的进言者可以是领导者的大学同学。

例如,人力资源的副总监向 COO 提供建议,业务部门的改进流程和文化变革都是由 COO 来管理的。他们两个在高管团队中的地位是一样的,都是直接隶属于 CEO 的领导。因为变革的复杂和重要性,人力资源总监花费了大量时间去充当 COO 的内部进言者,包括参加一些员工的会议、出差到工厂中,还要参加一些海外的会议等。另外一方面,合作伙伴类型的进言者也可以来自企业外部,他们同意兼职(可能是一天或者两周等)帮助领导者,或者员工参与到变革工作中去,或者在新领导上任的阶段帮助提出建议。

不管这类进言者是企业员工还是来自企业外部,合作伙伴都应当对领导和企业非常了解,能够理解企业文化的本质,并且能够预测在特殊条件下什么工作是有效的。对于那些没有充分了解下属情况的新领导,和那些下属没有经验的领导来说,拥有合作伙伴类型的进言者可以事半功倍。当杰克·韦尔奇(Jeck Welch)1981 年就任通用电气的 CEO 时,他进行了一项变革工作,最终转变了公司的业务状况。第二年,来自密歇根大学的学术专家诺埃尔·蒂奇(Noel Tichy)作为管理发展的学术专家来到公司,签署了公司发展项目的为期 24 个月的合同,包括在纽约建立培训中心。韦尔奇需要一个交流的平台,展示他对通用电气发展的规划,这个培训中心就是他的平台。逐渐地,韦尔奇和蒂奇发现,韦尔奇想要实现变革,就需要进行投资和培训,包括开发一些新的培养人才的方法。因为通用电气在管理发展方面一直是行

进言者的类型——专家、有经验的人、能产生共鸣的人和伙伴关系的人

业领袖,这些变革需要由一些值得信任的人来直接完成,而这些人又需要有其他公司培训和开发项目的高深的知识,并且在这些行业中走在领先的行列。这些人还需要潜心研究已经被运用过的通用电气的方法,同时需要引入新的方法来向公司的管理层发起挑战。蒂奇接受了挑战,他从不会放弃自己的学术承诺,在韦尔奇的变革道路上,他充当了合作伙伴。

合作伙伴的行为

德克(Dirk)在18个月转型期过后,成为一家健康保健公司的董事长兼CEO。当他的前任汤姆(Tom)在20世纪70年代接管公司的时候,这家公司是行业中的中等规模的企业。在过去的几十年中,汤姆进行了一系列改革,将产品销往海外市场,并成立了行业中最好的销售队伍。在汤姆将要退休的时候,这家公司已经成为了全球市场的领军企业,它的股票价格一直很高,汤姆也得到了员工的信任,能像他一样其实很难。

尽管公司曾经历过辉煌,但是市场状况已经发生了变化。快速向国际市场扩张的要求向公司提出了新的挑战。在销售力量上的过度投资已经造成了管理费用的结构失衡,如果没有高速增长的发展,将导致企业陷入困境。德克意识到,需要进行并购来为企业发展壮大力量,这样也会不可预计地带来成本增加和效率的改进。企业管理人员肯定不适应有限制的花销,并且如果收购了其他企业,就需要管理更

第五章

多的员工。德克面临着交流和激励方面的挑战。有些人将会质疑并购和成本缩减的必要性,并且会反对改变习惯,因为那些改变不知道是否能带来成功。还有一些政治方面的挑战:有两个人是受德克直接领导的,他们期望得到德克的职位,他们很生气德克忽略了他们的作用。德克已经决定让这两个人退休。

  德克知道,自己主要的管理挑战来自于要并购正确的公司,要使其与原来的公司保持步调一致,要引入新的成本意识,并且让那两个不服气的人退休,尽可能快地取得大部分自己直接领导的人的信任。汤姆在董事会对德克很担心,在过渡期很好地管理着公司。因为汤姆希望董事会可以让德克在不久的将来成为 CEO,德克在公司中的前两个职位使其和一些领导有些接触。有些人认为他做事方式有些问题。在德克被任命为 CEO 后,有人说:"他有些孤僻。可能因为他很自大,也可能因为他很害羞,反正一些主管不能和他走近。这使得我们怀疑他是否能赢得人们的信任。这儿的员工都很爱戴汤姆,尤其是销售人员。现在让他做对公司很重要的事情,我们怀疑他能否取得这些人的信任。但汤姆告诉我们说,德克能胜任工作,也能给公司带来收益。"

  德克也在寻求帮助,他求教的专家曾为一些高管在战略上、组织上和运营问题方面提供过建议,并且对该公司非常了解。这位专家也曾在几年前德克工作的一家公司中辅佐过德克。这次,他答应在德克任期的头 18 个月中,每周到公司中来两三天,在下列两方面给德克提供帮助:(1)帮助德克明确对新企业文化的想法,并制订改革计划;(2)帮助德克与高管团队建立起良好关系,负责实现他的愿景,使那些管理重要部门的经理主动支持他。

确定愿景。尽管德克是个天生的管理者,但他不善于注意别人对自己的反馈。他倾向认为,从逻辑角度正确的事,就应该能说服人们作出改变。但是也知道即使逻辑正确其实也很难说服诸多的管理者和员工,因为公司正处于发展改革时期,公司需要进行一些使企业持续成功的改革。德克必须影响到大多数关键的人物,以实现改革。

这一计划来自和专家的讨论,以及书面交换的意见,专家希望他实施改革,包括如何制定政策、成本分配,如何进行内部交流,以及对经理层的期望等。计划的中心议题是要调整整个公司领导和管理层的行为,包括雇用政策、发展改革目标和补偿机制等。这些特殊建议和执行建议将告知德克、整个高管团队和董事总经理,并且要在所有中高层的管理人员会议上提出,这些中高层人员在公司中发挥着重要的作用。

获得政治方面的支持。为了获得政治方面的支持,德克的专家给他推荐了一位高管(这个人有希望成为未来的CEO),他支持德克推行的改革措施,目前是营销部门的领导。这位高管的作用是向德克汇报其他高管们的情绪,并且影响他们,使其支持改革。销售副总可以得到销售部门的信

第五章

任和支持。除了有这些专家，公司还建立了一个非正式的进言团队。内部的人力资源专家被任命去组织一系列会议，并综合运用公司的资源。与核心团队开会花费了几个月时间，包括召集交叉部门的高级经理，建立一个领导行为的模型。专家在幕后观察这些人，并增加完成任务的高管团队的人数，以达到预期结果。他向德克提供信息，让他知道什么时候改革是最有效的。因为，众所周知，他在为德克提供进言，能接近关键的领导。

高管层会议对高管来说将是最佳接近CEO的机会。会议有两项议题：(1)公布德克对公司的愿景规划，解释工作中经理层应当考虑的问题；(2)提出德克希望他们具备的技能、行为和态度。德克和他的三个专家意识到，会议的成功依赖于一条不寻常的途径。愿景中对他人行为的要求就在他脑海中，但就像有人说的："他不知道如何传达，不知道如何通过一种让人们很乐意的方式去完成。"另一个阻碍来自他们的高管团队，一位执行副总裁对CEO的职位很期待，很明显说服了手下要反对德克的计划，德克也担心他会在高管会议上出头。德克说："我必须召集这些人，现在也是时候这么做了，但是那位执行副总裁可能操纵情况的发展。我要做的最后一件事就是让大家知道我们不是一伙的。"专家团队建议，此次会议上每个人都应当提一些领导行为的具体模式，这样谁都不能逃脱这个计划了。

在接下来的两个月中，各个群体都在帮助筹备会议，德克通过和每位进言者沟通修改了自己的愿景规划，每次交流都记录在案，以推动愿景的实现。每次记录都包括对德克如何传达信息的评价，以及其他领导面对此类困难时是如何做的。

事件高潮。会议比德克预计的要成功。正面的意见推动了绩效管理系统的运行，并鼓励运用新的管理人员。德克对公司的愿景规划得到了热切的支持，会议间的工作促使管理层增强了责任感。德克原来担心大家对生产目标有抵触，但经理层的反应使他信心大增。尽管他没有提并购事宜，大家同意公司需要更多收入、快速发展。在一次全体会议上，一位经理说："至少在我的分部中，每个人都在生产线上，准备接受任务，提高生产率。"他向德克建议："您应当和董事会发出此项号召，但是我希望您知道，我们不介意做更多工作，如果那些工作是有效的。我们现在是市场中的第一，我们也愿意这样下去。处于领先地位是我们大家都愿意看到的"。所有人都鼓掌表示同意。

那位不支持会议的执行副总裁不像下属那么充满热情，但会后却没有像以前那样反对德克，一年后他退休了。德克和进言专家继续一起工作，要使愿景反映在公司年度运营计划中，反映在雇用政策、提升政策和补偿政策中，还要体现在管理开发项目上。他们还致力于德克的团队技能发展方面。德克一直认为领导有责任发现问题，帮助大家找到解决问题的方法。他开始理解，需要调动最高层的积极性，那些高管都是自信且有经验的人，他需要倾听他们的意见，让他们影

第五章

响自己。这意味着他需要提出许多自己的想法,请他们提供帮助。如果希望高管说出更多的想法,就需要一定程度地广开言路。一种方法就是,他在公司内部网络中开发全方位的反馈系统,这使得高管团队成员更加重视他们的反馈。

合作伙伴带来的益处。德克从他的进言关系中得到了什么?

- 制订使其开始 CEO 职位的计划,包括赢得公司变革的广泛支持。高管层对他的期望和标准都与德克的一致,设定好机会,做好会议的人事准备。
- 在做 CEO 期间得到的建议:要传递变革的有力信息,同时与经理层建立信任关系,以影响高管的行事方式。
- 从企业外部找到专家,这些人对他忠诚,指导他好好管理公司,并了解公司,能得到高管层的信任,可以了解企业的发展情况,并支持德克的愿景规划。
- 得到风格方面的建议:从这一层面来看,领导风格不会在基本方法上作出改变——增加信任度,使员工支持他而不是反对他,为其两次大的并购工作做好准备。

德克是如何获得这些人的信任的呢?首先,他意识到自己缺乏公司内部人员的帮助。其次,他给进言专家足够的时间,并且没有提供任何条件。他没有安排其他方面的优先工

进言者的类型——专家、有经验的人、能产生共鸣的人和伙伴关系的人

作,这为召开会议提供了便利。第三,德克接受了对自己风格的反馈,尽管他已经具备了胜任这一职位的足够优势。德克知道自己的行为可能会被误解,因为公司中没人对自己非常了解,也因为公司规模大,自己也无从直接了解他们的反馈。第四,尽管他对那些人不熟悉,但还是试了他们的建议。他在改革中任用了一些不知道是否对自己忠诚的人。他还让政治对手也介入工作,而不是一开始就孤立这个对手。德克广开言路。他知道,发表自己对问题的看法只是探探高管们的口风,更主要是"我不确定下面要怎么做,我希望得到你们的帮助"。

一位中层管理者可能需要两方面的帮助:一般是战略方面和经营方面的。但对于成为高管的领导,尤其处于企业变革中的领导,就同时需要四个方面的建议。每种需求比他以往遇见的困难都复杂。战略决策很关键,因为整个公司的需求都要被考虑进去。制定战略需求的压力往往伴随着运营问题的,包括短期成本、质量和快速的发展。政治的和个人方面的需求往往是不为人熟知的。为了团结整个公司的员工,领导者必须发挥潜力,建立良好的关系,使政治环境达到预期的设想。所有这些需求都会使领导者花费时间和精力,会增加他们妥协的压力。因为领导任务的复杂性,以及需求会同时的出现,因此帮助是必要的。

一位进言者可以在四个需求方面都提供正确的建议吗?不能,至少不能每方面都提供专家的建议,以帮助那些想要改革企业的领导者。深厚的知识和经验对于帮助处理复杂

第五章

战略的、运营的和政治方面的需求是必要的。最好的进言者需要理解每种情况下的需求，但常常只能在其中一方面提供专业建议。那些曾是领导的人能提供经验，但经验常常限制在曾遇到过的情况。领导者面临严峻的挑战对于培养平衡的进言者网络很有用，他们能提供不同于专家的建议，使个人能很好地适应领导风格和企业需求。

第六章　平衡的艺术

20世纪 80 年代，我最初认识到自己需要一种平衡的建议网络，那时我公司的一部分业务勉强经营下去，而另一部分业务发展很好。我们必须放弃一些传统的业务，随着新方法和革新的出现，传统业务的作用减弱，但是我们仍需要坚持它，因为多年前它给我们带来了优势。期间，我们很熟悉的公司的另一些业务也处于危机之中。而我的上司，公司的 CEO 对每类业务都比较熟悉，他和公司共同成长，在成为公司高层的过程中，负责过每一项传统的业务。但是他的预见比公司中任何人的都早，他有潜力将传统业务和新业务结合起来，具备了我们客户前所未闻的能力。CEO 也进行了另一种大的改革：传递领导力。他认为从企业内部选拔后续任职者是很正常的，我就是三位候选人之一。

我曾是执行副总裁，负责产品质量和可靠性的管理，以及产业工程的领导和组织，以及新产品开发、自动化等工作。我们几年前曾经建立了几个早期、大规模、全质量的项目（例

第六章

如今天使用的六西格玛方法),采用了即时生产实践(今天被称为精益企业管理方法),那些做法无愧于我们作为20世纪80年代早期赢家的称号。要转换那些规则和技术,去满足企业文化需求,就需要我们的员工具备很强的解决问题的能力,以及组织文化、人员开发等方面的能力。他们还应具备与以往不同的商业哲学。这时,管理得比较好的公司都意识到,如果他们不在每个领域都取得进步,那么他们的生存将受到威胁。

我们公司能在这个新兴的制造企业模式中处于领导地位,有如下三个原因。(1)我们有打破传统的新技术。我们从1946年以来,就建立了一流的技术,拥有可靠的工程设计,引入了材料需求计划,同时从1958年开始,运用了现代化的生产和库存系统。帮助摩托罗拉公司完成了统计程序控制的改革工作,他们后来成为运用六西格玛的典范。(2)我们理解新的哲学。我们和日本管理协会合作过一段时期,并引入了日本的生产方法到美国来。我们与爱德华·戴明(Edwards Deming)和乔·朱兰(Joe Joran)有着长期的伙伴关系,这两位专家帮助日本企业建立了生产方法。(3)我们是使这些模式成功的不可或缺的专家。我们在管理和企业文化变革等方面具备专业知识,在经营方面也一样。我们是第一个将两方面思想引入同一方法的公司。我们在快速扩张的市场中占有重要的地位。

所有这些对公司中的人都有很大影响。压力大的原因有几个。第一,公司的未来不确定。我们正处于战略的十字路口,如果走错了一步,将使公司以往好的业绩下滑,或者变糟。第二,公司中没有寻找我们的观点或处理各方面问题的机制。我们的下属和公司外的一些人鼓励我离开,但那样做肯定会影响公司中的其他一些人。

平衡进言网络

我决定看看这种局面是否会有所改变。我向三位专家请教意见。在未来几年中,他们将形成我的平衡进言网络。

战略进言者:专家和有经验的人

我有一位进言者布鲁斯·亨德森(Bruce Henderson),他是波士顿咨询集团的创始人,是战略咨询的发起人。布鲁斯是我们公司的长期朋友。[1]我和他结识,是因为他对我们开发出的交叉规则很感兴趣。布鲁斯在我们提出战略影响时,就从波士顿集团退休了。他回到家乡纳什维尔,他请我到他任教的范德比大学的欧文斯商学院作一次演讲,这燃起了我们多年的友情。

布鲁斯成了我的战略专家,我俩至少每三周会面一次,常常从晚餐谈到第二天早上。他对行业的了解,和对公司工作的意见,都是很有用的。他在加入 A. D. Little 公司前,曾在韦斯廷公司负责采购工作,他将最尖锐的战略思想和不涉及任何情感的逻辑强加给我,迫使我思考一些新观点,而这个观点别人不可能想到。布鲁斯常常向我的设想发出挑战,

第六章

有时像苏格拉底,有时像塔木德的老师,有时想要说明我不像自己想象的那么聪明。

布鲁斯请我从战略的高度思考自己是否过于情绪化地想维持某种状况。他教会我去看待一些选择,如果没有他,我不可能想明白该怎么做,他让我思考企业必须作出哪些改革。布鲁斯也和我分享了他自己的经验。他开始也试图对A. D. Little 公司进行改革,并再建立一个有唯一使命的公司。那两个公司都是我发展的参照。在这期间,A. D. Little 公司帮助我澄清了一个建立公司的新想法。布鲁斯把他的经历告诉了我:他有明确的选择哪些是有效的,哪些是无效的,他常常会强烈地反对一些情况,我们会进行一系列激烈的争论。布鲁斯在我的网络中充当着专家和有经验的进言者的双重角色。

政治方面的进言者:有经验的实践家、合伙人和宣传者

我的第二个专家是吉米·理查德,我曾经在第五章提到过他,他曾经从师于著名的精神分析治疗专家卡尔·罗杰斯(Carl Rogers),并且在二战期间在前苏联的部队精神分析中心工作过。吉米学到的人性化的、非直接形式的治疗手段和第一手的对人类动机的经验使他对通过交流寻找新管理手段产生了兴趣,这些新方法能够让员工参与,建立了富有创造精神的企业文化。后来,吉米成为衣阿华州彪马制造公司的 CEO,他是创立了组织发展领域的成员之一[组织发展的领袖人物还包括克里斯·阿吉里斯(Chirs Argyris)、沃伦·

本尼斯（Warren Bennis）、狄克·贝克哈特（Dick Beckhard）、鲍勃·布莱克（Bob Blake）、李·布拉德福德（Lee Bradford）、杰克·吉布（Jack Gibb）]。

吉米将他的公司转变成一个孵化器公司,后来在实践中,他创立的管理和组织发展的方法成为管理实践的标准。他的专家也曾为一些大的公司作过咨询工作,其中一家公司就是宝丽莱（Polaroid）。一次,克里斯向宝丽莱公司的创始人兼CEO爱德文·兰德（Edwin Land）说,公司目前需要一种正式的和专业的方法来发掘、管理和鼓励员工。兰德就询问应当在哪些方面着手。克里斯请他不要再亲自雇一些以前被称做人力资源的管理者,而是要发现曾经任过高管的人来做执行官,确保每个工作环节的有效性。吉米·理查德成为宝丽莱公司的第一任人力资源总监。

吉米的就职背景使得他对公司文化和政治非常敏感,他是一位明智且对企业非常了解的有经验的人。在我读研究生的时候,我就会晤过他。我们一直是朋友,后来我请他加入我的公司作为企业内部的专家。他理解我想要做的工作,这些工作需要基于已有的工作,我也非常信任他。我知道可以依赖他对公司的深入了解,还有一部分原因是因为大家很信任他,并且它了解影子组织。在工作进展顺利的时候,他很有用;但是他的作用更体现在我们沮丧的时候,或者成功遇到了障碍之时。吉米和布鲁斯不一样,他并不提供解决问题的想法,而是指出我处理问题的方法,让我知道他的想法,并且使我理解那些使我沮丧的行为,并且指出我试图领导和

第六章

影响他人的想法。我们的促膝交谈,这让我有了战略管理方面的想法,这些想法在后来的15年中都是有效的。

吉米提供的建议是政治方面的。他的作用一方面是专家,因为他那时也在领导着自己的企业进行着变革;另一方面他是我的合作伙伴;还有个作用就是能与我产生共鸣,他提出了一些公司的发展项目,帮助我改变了企业的文化。

个人方面的进言者:引起共鸣的人

我的第三位专家是桑迪·詹克斯(Sandy Jenks),他是波士顿大学咨询中心的长期领导者,当我在大学一年级的时候他选拔我去参加一项工作,就是关于学校氛围恶化的讨论,那时我结识了他。在那种工作环境中,杜绝全校范围内的小团体的形成,并且培训学生和管理者在管理和团队方面提高技能。桑迪代表了管理层和全体教职员工,我则代表了学生,我们开始一同工作。

我们的冲突解决项目似乎在减少紧张氛围方面取得了一些成功,很快也得到了校外人士的认可。那样的工作使我从大学二年级在纽约州立大学开始了咨询工作。后来我又在一些交流—行动代理机构和学校工作过。因为所有这些活动挤占了我上课的时间,我在大学的第二年功课落在了后面。在后来的两年,我继续做团队建设和冲突解决的工作,成为一家男孩子俱乐部的社会工作者,在那个小城市中,我得到了很低的收入。在这个整个过程中,桑迪一直和我保持着联系,我回到波士顿的时候就和他见过面。他鼓励我回到学校学习,他的想法影响了我,我同意了。后来,我们一起工作,把我们最初的想法运用到一个动力学中心(这个团体在30年后仍然存在着)。我毕业后,桑迪和我一直保持着友谊,他还常常请我回到学校去给学生们作演讲。他对我所做的工作很感兴趣,但是他的问题常常集中于我是否对采纳的专业建议满意。

桑迪给我的建议是个人方面的,他在我的进言网络中能与我产生共鸣。桑迪的整个生涯中都在从事着教师和咨询师的职业。我在咨询、软件、生产、分销、财务服务等诸多方面都从他那里学到了很多,我很感激他。他的超然态度使得他成为一位能和我引起共鸣的人,他关注着我的发展。当我们会面的时候,我谈及更多的是自己对于变革速度的不满,而很少提及变革本身。我可能会表达自己对项目成功的满意,而不是说如何解决问题的细节。桑迪是唯一一个能让我敞开心扉讲述我的经历的人。

我逐渐意识到,通过和桑迪谈话,我能够理解自己的行为,安排好事情的各个方面,当我和公司都遇到了变革的压力的时候,那样的技能特别有帮助。在我们交谈后,我常常会觉得不确定的道路已经清晰起来,或者已经找到了前几天错误做事的原因,那不是桑迪指出的,而是我自己在和一个能认真倾听的人说出来的。桑迪是一位训练有素的咨询专家,他习惯了倾听需要帮助人的心声。他知道如何询问问题,并且积极地倾听,他知道什么时候应当把当事人从错误中拉出来,并且很有说服力。但是,如果不是他在幕后鼓励

第六章

我的话，那样的方法本不能达到如此好的效果。他本来可以不和我相处那么长时间，但是他出于善意地在我身边帮助我很长一段时间。

平衡进言网络的前提

一位战略方面的进言者既是专家又是有经验的人。一位政治专家是有经验的进言者，是合伙人，也是能引起共鸣的人。一位个人方面的进言者也是能引起共鸣的人。这些只是一些平衡进言网络的例子。在我的例子中，有三个人，他们有不同的个性、能力和背景，他们之间毫不熟悉。我从来没有请他们一起来组成一个小团队。而是与每个人都形成了亲密的伙伴关系，并且和他们三个人都保持着长期的关系。而在12个月中，他们相继去世了，我体会到了那样的关系是短暂的，我觉得自己过去一段时间多么幸运。个人的损失是很巨大的，我和他们的友谊是无可替代的。专家的损失是令人沮丧的，要花费很长时间才能建立那种类似的专家网络。

我在和这三个人的相处中吸取到的采纳建议的经验是什么呢？一方面，我学会了必须要做的事情是从他们的帮助中获益。如果让我的进言者得到面对面会议的信息，我和他们共度的时光将是很有意义的。为准备会议可做的选择就是，布鲁斯能够执行我对目前面对问题的分析，同时他能回答问题，常常是指出如果他是我应该怎么做。对于吉米来说，从总体上描述我所希望的事情，或者我希望的成功，应当是好的做法。他常常会考虑一两天，然后他能向我提供一些可替代的方法,然后他会再回顾或执行那些建议。吉米从来不会说他如果是我该怎么做,除非我直接那么问他。对于桑迪来说,关键是要让他广开言路,并逐步说出他的观点。和一个信任的朋友随便谈论很重要,那样也会让人思路清晰起来。

　　判断在不同的工作过程中采用哪个进言者,要依赖于需要考虑的问题,以及领导者的需求。在我和布鲁斯的交谈时,主要讨论我们公司所面临的战略选择,同时我们也会讨论执行的新计划,以及如何把公司行动锁定到那个计划上。和吉米的谈话一般是为了使公司发展更好,讨论公司文化变革的程度和速度,在我力所能及的范围内平衡收入和利润间的关系,尽量满足员工的情感和发展的需求。和桑迪的谈话则很放松,可以促膝交谈。没有固定的管理与进言者关系的方法。最好的方法就是,视环境而定,特别是要考虑管理者想要得到什么信息。在我的例子中,我准备了特殊的谈话,并对多次的谈话内容都做了记录,并且反馈我们的工作。我也相信经常的记录和从进言者总结的备忘录的价值。除此之外,还需要考虑新的问题,或者要深入一些特殊的领域。

　　从进言网络中的最大收获不同于管理其他的关系。必须要投入,要经过长时间的变革去适应环境,在有反复的情况下要能够有张有弛。领导者应当知道自己想得到的东西,并且知道如何判断做事的步骤,能够努力调整好这种关系。同时,应当找到保持领导和进言者在必要情况下轻松交流的好办法。如果这些任务是从采纳建议人的角度提出的,他们就需要遵从下面的平衡进言网络的三个规则。

第六章

表 6-1 平衡进言网络的规则

熟悉加适应 通常有帮助的进言者能够具备适应领导环境和解决问题的能力。他们是领导从一群人中选拔出来的，领导对他们很了解，确信他们的风格和自己很吻合。

关系的潜能 领导和进言者的都希望和对方共事的关系会带来巨大的收益。两者关系的重要性在于，能够使领导磨炼自己建立关系的技能。

共同管理但自己承担责任 领导和进言者对于建立和维持良好的关系都负有责任。而由领导者本人管理进言网络，进言者能够让领导轻松地建立关系。

熟悉加适应

参与到长期建议网络中的人非常熟悉领导的决策制定和学习风格，并且熟悉自我的价值。但熟悉对于维持关系并不够。进言者还要能够适应领导面对的不可预测的条件，或者甚至需要期待那些条件的出现。有适应能力的进言者常常需要关注他们熟悉的领域里的好方法，以帮助领导解决面临的问题。

长期以来，那些把熟悉视为比适应更重要的领导似乎不能从进言者那里得到更多的东西。我们在第二章中提到的丽塔就犯了这样的错误，她选用了一个家族的朋友作为专家，而那人对公司根本不熟悉。还有一些领导选用的专家不能够适应变革的环境，一个例子就是来自埃里克（Eric）的，他是来自家族企业的第二代传人。埃里克对于公司与原材料供应商的良好关系很自豪，其中一些供应商会考虑到公司成立时的情况。他采纳建议的错误在于采用了和进言者同样的保持关系的方式。当存在毁灭性可能的时候，埃里克需要快速采取行动，他没有考虑是否别的律师事务所能够提供更

平衡的艺术

好的解决办法,就直接找到公司的律师。公司律师答应他马上就提出解决方案。可是过了两个星期,埃里克再次致电律师,律师说他正在处理那些信息,还需要一些时间。又过了两周,最后埃里克意识到那个律师根本就没有处理业务,但是又很难对长期的业务伙伴说个"不"字。律师对于自己的做法根本没有什么解释理由。埃里克还是错误地采用了不合格的进言者,事情已经成定局了。

有适应能力的进言者能够表现出改变领导思想的能力,并且能作出深思熟虑的决策,即使在不熟悉的条件下也能做到。一位领导人说,我常常运用的人是:"他能够帮助我找到处理问题的建设性解决方案,他的方法使我想到不同的情况。他询问的问题是别人不能提出的,他们处理事情的方式帮助我从不同角度考虑问题。"

好的建议采纳者不会只发现机敏的进言者,他们能够建立灵活的进言网络,能够结合各种技能满足特殊的需求。在经典电影《黑客帝国》(*Mission Impossible*)中,间谍组织的头目费尔普斯先生选择了一支具备各种技能的团队,完成了任务。同样,好的进言者需要掌握知识,有丰富的阅历,并且具备领导面对挑战需要的经验,同时表现出能够适应环境和时间的能力。他们应当是领导非常熟悉的人,了解领导的风格。一旦有了那样的能力,另一个需求就是稳固的工作关系。

第六章

关系的潜能

领导者和进言者之间的任何纽带都是形成合作关系的前提。这种关系可能源于他们之间相互的尊重,或者进言者对领导者的崇拜、尊重,或者在简单问题中出现的复杂情况。不管原因是什么,领导者和进言者双方一般都希望能和谐共事。

从领导者的角度来看,选择特定的进言者的基本前提就是对他们给予足够的信任,让他们能够广开言路,并主动征询进言者的意见。领导要相信进言者愿意与自己共事。一个对从事此项工作的企业内部进言者来说的测试是,目前这种关系是挑战而不是为了报酬。任何业务上的关系要与合理的报酬联系起来,但本书倡导的是除了对金钱追求之外的动机,要提供长期正确的建议需要专心、勤奋,并且要与领导意图一致。进言者可能不像领导者那样要对成败负责,但是要随时做好准备努力应对领导面临的危机。换言之,进言者必须对领导者的任务负责,并能够持续地完成并超越预期的成功。

一些类型的建议和一些建议的作用在深层次的合作中比其他人提供的更有用。与个人方面进言者的关系要求深度的信任。领导者要与个人方面进言者感同身受,要比与战略关系的进言者之间关系更亲密。由于政治方面的进言者常常有严肃的反馈,例如领导者应当怎样对付员工的敌意,如他们如何用行为证明自己的努力等,领导和政治方面进言者的这种关系比和运营进言者的关系更开放。而进言的内容和预期，也因进言者的个人情况而有所不同。类似地，专家和有经验的进言者提供的建议常常不如引起共鸣者和个人进言者那么有影响力。巩固的关系对于那些担任个人进言者的人来说很重要。他们对于领导的责任、发自内心地想提供帮助使得他们愿意与领导搞好关系。

参与关系形成的双方都对关系的形成和发展起作用。但是，领导的关系建立能力将决定了他是否能够从其进言网络中获得所需要的东西。理想化的东西是，他能够充分地认识到自己有助或阻碍了广开言路。他必须要坦诚地说出自己的目标和疑惑，那对他来说是非常重要的，对于他和进言者的工作来说也是非常重要的。他必须能够感觉到进言者愿意超越他们的协议，达到最好，能提供自己想要的帮助。

有三条给领导者的忠告：(1)如果你选择了很喜欢与之工作的进言者，那么你将会感觉很舒适，从合作中受益匪浅。(2)确保你的进言者也愿意和你共事，他们不是只追求收入，或者只想建立个人知名度的。(3)一起工作能培养你建立关系的能力，在进言网络中寻找你需要的、最适合的建议。从我的经验来看，那些很难建立长期巩固关系的领导可能没有搭建很好的平衡进言网络。

共同管理但自己承担责任

在进言关系中，双方都有责任去保持经常的联系和信息的对称，尽管有时进言者在某项任务中可能不够积极。那样

第六章

做会使领导者从目前的当务之急状态变为和有智慧的进言者探讨去做长期的打算。间歇性地更新领导的想法也能使他在需要直接参与时，很快得到帮助。

假设领导有需求，进言者需要让领导能方便地找到自己，实现他们的想法。进言者也应当有效地帮助领导充分利用时间，提出问题和建议的机制应当能最好地帮助领导开展工作。这些机制的建立要依赖于领导者的学习和政策制定的风格，建议内容要尽可能是简短的备忘录，就像在会议上领导讨论问题的提要一样。一些领导比较喜欢一问一答式的建议，以得到清楚的的答案。在那样的情况下，进言者可能需要记录他们讨论的提要，找到最关键的点，保留一些主要决策和后续事宜的记录，以节省领导的时间。事实上，领导决定是否继续和某位进言者共事的一种方法就是，他们是否能够让沟通简便，主动帮助他将必须要做的事情变简单。

这样看来，领导者和进言者都应当对管理关系的任务负起责任。但是，当谈到进言网络的平衡时，这就是领导个人的责任了。他对于得失是起决定性作用的。只有他能够决定与哪位进言者交流，什么时候和他交流，进言网络如何运作才能满足自己的需要。实现上面的做法包含两个方面：(1)领导者和进言者分享了责任，这使得他们的关系很有效，能够满足领导者的需求。(2)领导有责任管理这个网络，进言者可以帮助领导轻松地完成网络的管理。

进言关系的前提

要使这种关系增值,有良好的背景、好的经验和正确的知识和技能,是远远不够的。进言者还需要有一种人格魅力,使双方关系很好。为什么这种关系很重要?

有三个原因:(1)进言者的方法必须适合领导面对的独特的战略方面的、经营方面的,以及政治方面的环境。没有经验可循,正确的方法要来自领导和进言者共同的观点。关系越好,双方越可能对共同想法进行讨论和合并。(2)领导需要的建议是可行的,要包括优点、确定和限制,并能够成功地执行建议。要完全理解他将建议转变为现实的能力,领导必须能在公开的谈话中说出个人的喜好、优点、缺点和限制。关系越好,谈话越坦诚和开放。(3)领导者进入了未知的领域。一旦他选择了进言者,并且愿意听从建议,或者愿意讨论那些建议,而且最后能够采纳建议,那么信任是根基。

许多聪明、有经验、有知识,并且有献身精神的人提供建议,但是却没有能力建立强的合作关系,他们不是最好的。不考虑特殊性、背景或者名誉等,那些真正能够提供帮助的一流的进言者,能够与领导建立有效的工作关系。在这些关系的建立过程中,进言者的适应性似乎很传奇。在这样的情况下,进言者能找到正确的方法去适应领导所学的东西。他通过领导的反馈去影响领导者。他们的交流是轻松的,进言者提供某种反馈,领导者的反映说明一些事情自己其实没

第六章

想到。这种不断的交流催生了新的想法。这是生产力和创造力产生的标志,两位参与者因为希望共事,所以能一起工作。

我愿意和这个人共事吗

下面四种能力能够帮助领导建立起好的关系:适应性、倾听、反馈和热诚。

表6-2 在寻找进言者方面建立关系的能力

适应性
倾听
反馈
热情

适应性

一位适应性强的进言者能够衡量自己提供的建议,并面对领导所处的条件,同时了解领导的风格。适应性能够节省领导的时间,使他易于把注意力集中在优先要做的事情上。例如,如果领导的时间中需要有一段是放在一个耗时的会议上,那么进言者就必须缩短他们交流的时间。如果领导在讨论问题前,了解到并考虑到了某个议题,那么进言者就有责任以书面形式提出问题和分析方法,并清楚、详细地提出个人的意见,常常领导能通过与进言者会面,从那些简短的提示中受益,或者从会谈后的书面总结中受益。如果领导能从一问一答式或辩论式的交流中学到很多,那么进言者就需要进行相应的调整,这样过程通常是对进言者的影响力和交流能力的磨炼。在与多个客户的交流中,专业的顾问倾向于获得这种能力,而这种能力对于内部专家来说是不可或缺的,特别是那些被聘为新领导助理的人。

倾 听

有能力的进言者能够仔细倾听领导的说话,以把握领导的意图,争取理解为什么自己对他很重要,并预知领导打算做什么。进言者的倾听能力是一种基本技能,能够准确演绎领导的意图,并将领导的想法和观点付诸实践。因为领导太熟悉自己失败的原因了——没能坚持,与目标有差距,短视或者轻视等问题,因此进言者充当着心理学家埃里克·弗罗姆(Erich Fromm)称为的"用第三只耳朵倾听"的角色。他们能注意到领导没有说出来,但是应当予以重视的事情。有了这样的保障,这种感觉能让领导有新的想法。

反 馈

如果进言者在传递可替代的反馈意见方面很有效的话,那么认真倾听以获知领导忘记的微小信息,也对建立关系非常重要。好的反馈的另一个作用就是将自己和他人交流的内容传达给领导,领导应寻找那些能指出自己错误行为的人,这个人要主动提出想法,但不能冒犯领导。如果领导不能从反馈中学到很多,那么错误应在于进言者不能遵守有效的反馈规则:要适时提供进言;要与领导的需要和风格一致;

第六章

要有例证；要提出可以改变的一些建议；要避免领导产生偏见。

热 情

最后，有能力的进言者需要拥有热情。要感受到领导所思、所想和以往的经历，甚至领导不愿意说出的自己的想法和经历时，进言者也要充满热情。如果领导知道自己了解了很多情况，那么他会让进言者做更多的工作，此时热情就很重要，热情对于进言者来说在某种程度上也是一种强化管理的工作：领导掩饰了自己的沮丧和愤怒的原因越多，在提出变革时由于压力发泄的机会也越多。

适应性、倾听、反馈和热情对于特殊的建议和进言者并不特殊，但这些技能对于专家来说是很重要的。他们必须以一种领导有效接受的方式传递知识，当领导者直接介入变革程序时更应该如此。他们在交流战略的进言—领导关系中很重要，在影子企业中也很重要。所有这些都依赖于关系。领导和进言者关系越好，自己受益越大。

本章描述了平衡进言网络的形成。本章和以前章节指出，领导有责任选择对自己最有帮助的建议，并提出领导要对采纳建议的人负责，说明领导应当怎样巩固和管理建议。

第七章 伟大的建议采纳者的态度和行为

理解建议的类型和进言者的类型,并且知道如何判断进言者的能力以构建关系,是培养领导技能的必要步骤。即使是和最聪明的进言者一起共事,要得到好的建议,也需要领导能够注意相互的关系,并且有技巧地管理这样的关系。完全的投入和专业的管理依赖于态度和行为。

态　度

何种态度是管理成功关系所必要的呢?有三种关键的态度。

- 愿意承担责任,并且愿意接受建议。
- 对新观点充满好奇,并且能广开言路。
- 对自我意识和反馈的接受负责。

第七章

责任和接受能力

一位领导者告诉我:"我采用了很多不同类型的进言者。有些人是我到企业外部去寻找的,因为我们自己不能解决问题;有些人是我为了避免一些事情发生而找来的人;还有些人是来向我推销一些东西。不管他们来的目的是什么,但通常开始都是我们双方从各自的角度考察对方,并且就他所做的和我将要做的事情达成一致意见。不管什么时候,只要我不采用那样的步骤,就会觉得遗憾;而采用了那样的步骤,最终似乎会出现转机。"

我问他,是不是他开始就不确定所做的事情?他说:"我和进言者会不断讨论,直到问题清楚了。但是我要负责提出问题,并且指出问题,直到问题明确。对于进言者来说,问题很模糊似乎是个优势,但是对我来说,让问题清楚化却是优势。因此我自己来搞清问题,而不依赖于进言者。"他这样描述自己的责任。

有些事情这样流传下来。首先,我必须感觉到存在一些伤害了我的事情,需要我去采取行动。一种情况可能是一个我们不应当采取的战略,但是我们却致力于那个战略。另一种情况可能是,我们最初没过多考虑就建了个销售部门,但却不知道应当如何用这个部门。上述两种情况在这里就被称为"给我带来了伤害"。我不知道为什么会带来伤害,

伟大的建议采纳者的态度和行为

但是我不得不描述为什么那是个带来伤害的问题。我还必须知道成功是什么样子的,虽然不需要很精确的描述。但是我需要说:"如果这些事情已经解决了,就会有一些将需要解决的事情出现。"我如果不那么做,那么就没有目标,也得不出什么结论。"结果和方式"是做事情的一种好的评价标准。我的工作是要结果,进言者的工作是如何达到结果。

他还说明,如果存在第三方的责任,也是他自己需要承担的。他说:"我必须有办法知晓是否存在一些进展,知道我们目前的进度,以及还有多少任务需要完成。接下来就需要和一些人交流,通过那样的方式了解任务的进程,或者通过正式的面谈过程,去了解情况。但是我还必须清楚什么对我来说是有效的。"

这位领导和我说,每天早上他起床的动力就是,他如果不过问情况,那么事情肯定解决不了。当他作为客户时,同样的责任也体现在他的身上。他说:"如果我不能得到正确的建议,那是因为我做错了。我自己应当把握正确的建议。"

一位愿意对进言者关系负责的领导可能是苛刻的,但是他不会期望进言者去承担所有的重担。最好的建议采纳者应当能够承担全过程的责任,就像他们能够承担企业文化变革和财务绩效责任一样。他们采取必要的行动,并且和进言者说明自己期望的情况。那些不表明态度的领导期望进言

第七章

者承担属于领导自己的责任,例如定义变革的效果,或者说出企业未来发展的愿景。进言者可以通过提供对未来憧憬的模型帮助领导者,帮助制定正确的战略,提出恰当的问题,并且提供工具。但是进言者只是提供领导所定义的最终目标的帮助者。

通过定义,对于伟大的采纳建议者来说,最根本的障碍是不接受必要的帮助。我并不是指要仔细思考一些零散的建议,并且拒绝采纳这些建议,因为这类建议似乎脱离目标。我指的是,即使在得知建议是必要时,仍不能够寻找或接受它。为什么成功的领导中的一些人会拒绝别人影响自己,而另一些领导却不会呢?

一家大公司的总顾问对我提出的问题这么解释:"可能是因为感觉不可靠。那些拒绝别人观点的人必须相信他自己是正确的,并且知道自己想要知道的事情。而自己受到别人的影响,说明自己不知道一些事情。"一位高级人事经理很质疑地说:"这与他们遵循的领导概念有关。他们接受的是自认为期望下属所做的事,他们关注的答案是自己期待的答案。或者有这样的领导希望下属服从自己,并且愿意和自己分担责任,他们只是希望得到合适的答案,并不关心答案是不是从他人口中说出的。"还有位心理学家和我说:"一些人傲慢的一面超过了谦虚的一面。他们相信自己比任何人都了解所要发生的事情。只有当失败的情况发生了,他们无法控制的时候,他们傲慢的一面才与谦虚的一面持平。当有人提醒他们忽略了一些事情的时候,他们会感觉到焦虑、害羞,并且觉得事情难以处理。"

一些人提及了一些不常见的深层次的需求。其中一人提及了他曾经雇用的一位有才华的下属："我觉得他将来应当是我的继任者。他帮助我处理所有事情,但是他只干了一年半。他有自己做事的方式,并不愿意适应哪怕一点点我们做事的方式。我曾经让人事总监和财务总监和他探讨过,我试图给他一些提示,而且他那个部门的人事主管也曾经提示他做事应当更灵活些。他似乎注意到了,但是却做不到。后来,我们进行了全方位的调查,最多的信息是,他的下属希望他离职,因为他有自己的计划,根本不听别人的想法。这个人必须用自己的方式做事,根本不在乎别人怎么看。这是他离开的原因。"

有人使用"自恋"一词形容那些不愿意受别人影响的人。这个词首先是由西格蒙德·弗罗伊德（Sigmund Freud）提出来的,这种基本的特性与那些想得到领导地位的人有关,他们希望对自己的企业进行变革,以超凡魅力去吸引跟随者,但是迈克尔·麦克白（Michael Maccoby）指出了自恋的负面作用,他认为自恋的人对自我极端地欣赏,有很强的自我保护意识,他们在接受帮助前必须相信自己能够获益。他们趋向于倾听那些他们想听到的话,因为他们觉得自己的预先想法就是最好的。自恋者对批评过于敏感,他们在被批评的时候根本不听不顾。他们没有投入情感（移情）,这对于交流是很大的障碍。[1]卡尔·罗杰斯（Carl Rogers）指出,移情是成功关系的关键,因为投入情感能够让我们理解地倾听,并且敞

第七章

开心扉地面对别人的观点。[2]

拒绝别人的观点影响自己可能就来自自恋,自恋这种情绪要求别人把自己看做是对的,并将傲慢、对需求的控制和上述因素混合起来。最糟糕的情况是,领导面临严峻的问题,但却忽略了帮助时,这让那些依靠他们的员工很失望。

对新观点充满好奇并广开言路

明智的建议采纳者对看待事物的新方法很开放,愿意从任何资源中学习新东西。在这些新东西的相互作用中,建议采纳者倾向于以比较注意的态度来引入新内容。这种态度可以从领导的一些话中看出来,比如:"我们对那些内容学得很少。我们比其他人工作得更好",或者"那样的方法真的不适合我们,因为我们从事的业务不同"。

对新观点充满好奇并愿意广开言路是标志性旅程的开始。有两种标志性情况:一种情况是,顾问或者初级的员工从其他公司搜集数据,以试图理解他们具备的能力。另一种更积极和更有启发意义的情况是,来自一家企业的人到另一家企业去考察其特别优秀的地方,得到第一手的资料。

一位大的保健公司的副总裁知道,自己的公司需要成为学习者,并且更加高效地工作,他召集了一支具有高潜力的中层管理者的团队,让他们推荐好的建议。在他们的建议中包括了参观计算机制造商中的领先供应商的元件生产。团队向那些对其他产业充满怀疑的人(也包括大部分的公司的高层经理)指出,他们认为那个领先的元件供应商的情况和

伟大的建议采纳者的态度和行为

自己公司的非常相像。那个供应商已经占领了计算机元件市场的巨大份额，此外他们效率也很高，并采纳了最新的客户交流的措施。副总裁组织高层经理对此加以反对，请分析团队去安排这次参观。

有6位经理参观了领先的元件供货商，这个供货商的规模比保健公司要小很多。在参观了设备和生产过程，团队成员分头去会晤公司中的反对者。两位负责销售的总监萨姆（Sam）和奥利维亚（Olivia）会晤了销售主管和代表。萨姆是一位有着30年从业经验的老员工，对公司非常忠诚，很熟悉自己公司的风格和实践。奥利维亚在获得了MBA学位后新加入到公司市场部门，她最近调到了销售部门。经过两个小时与销售主管和代表的谈话，萨姆和奥利维亚和其他人一起扼要概述了情况。萨姆说他知道总部很高兴，但是他根本没有听到可以反馈给公司的内容。他说："真的，这里没有什么可以学习的，我们可以用这段时间更有效率地与客户沟通。"

有人问奥利维亚她是否有什么补充，她谨慎地表达了对萨姆的尊重，但她还必须客观地阐述出自己所了解到的情况。她认为元件供货商客户服务理念的细节不同之处在于，他们非常注重客户的观点。她说，在元件供应商那里，客户服务人员知道客户对公司至关重要，这促使他们努力工作以满足客户的需求。她注意到，在元件供应商经常奖赏那些得到客户认同的员工，这种方式和保健公司的把客户服务工作作为最低档次的工作，并且基本不提供培训的方式是大有不同的。

第七章

奥利维亚陈述了大约10分钟。当她说完后,有人开玩笑说,是不是萨姆参加了完全不同的会晤呢。午餐后,有些尴尬的萨姆找到奥利维亚说,他也很疑惑为什么自己听到的情况和她听到的大相径庭呢。尽管萨姆主要强调的是自己本身的问题而不是奥利维亚的问题,但奥利维亚注意到他在会晤的时候没有问任何问题。可是萨姆自己并没有意识到那点。他认为,如果公司愿意接受那些经验,元件公司的做法将会有助于公司发展,即使公司规模再大也适合。他们决定和总部的人进行第二次会晤,去讨论如何学习特殊的实践经验。

这是一个公司固执的老员工接受好观点的例子。萨姆也没有因为小公司有很好的实践而拒绝,当他说听到了和奥利维亚不同的观点时,他是很诚实的。为什么他听到的东西只是一部分呢?可能是因为在他心中,自己就是个销售人员,没有要影响总部的想法、没有过多的想法要听取意见。或者,可能他就是不想听取任何有用的信息。

缺乏对新观点的好奇,并愿意以开放式的态度倾听,是个普遍的现象。这种情况和缺乏自我意识都会阻碍建议的采纳。

自我意识和反馈的接受

从建议中寻求帮助的领导必须具备自我意识。作为实用的术语,自我意识的含义有两个方面:认识自己的优势和劣势;认识到自己在判断和决策方面的情感和影响。极度的

伟大的建议采纳者的态度和行为

自我意识与广开言路反馈意见是不相匹配的。

认识到个人的优劣一方面需要诚实地称赞成绩,另一方面也需要驾驭我们的目标。下面看看理查德(Richard)的例子。他是一位聪慧的管理者,很受下属的尊敬。理查德管理的子公司的业务与公司的核心业务不同,因此很少得到公司的财务和政策方面的支持,因此理查德需要经常考虑子公司收入的增长和利润。他的工作得到了直接领导他的CEO和执行副总裁的认可。当公司要出售理查德领导的子公司的时候,他得到了同等的另一个职位。但是他拒绝了,并离开了公司。后来,他几乎得到了另一个CEO的职位,但是却得不到一个能够比原来他管理的子公司更大规模公司的职务。两年后,在他的服务期和健康保障到期的时候,他仍没找到一个合适的工作。为什么会发生这样的情况呢?

理查德把自己的目标定得太高了。他为了得到更高的职位拖了太长的时间。因为他是一位有专业技能的管理者,有着良好的业绩,并能够在面试中顺利通过,因此他有了两个职位的选择,但是最后都被他给拒绝了。他说:"我知道我可以得到更高的职位,我能胜任一家小公司的CEO职位,也能成为大公司的COO。"他的做法可谓是大的错觉、极度的自负。他拒绝面对现实。不管怎么样,理查德是充满了自我意识,根本不考虑工作本身和自己的能力。

有几位猎头顾问告诉理查德,他的目标定得太高了,希望他考虑他曾担任的最后的那个职位的同等工作。他拒绝去理解自己的想法是不现实的。他认为自己的能力

第七章

应当与所希望的职位相匹配，而不是目前实际的机会。当他在开始开展业务的时候，他曾经是个有准确判断的人，理查德自己阻断了职业生涯的发展，因为他对自己的评价不够诚实。

  有时自我意识过于强烈，也能帮助建议采纳者理解在行动和决策制定中情感的作用。当某人的判断遭到质疑，引起了公众的愤怒，或者在看不到合理的规则时感到沮丧，不知道往那里走的时候，有自我意识都是有价值的。愤怒和沮丧可能是注意交流的开始。自我意识也能帮助领导者控制自己是否应当在特殊的情况下用感情支配行动。有自我意识的领导一旦意识到他该如何表达，或者发现了危害或者影响生产力等情况时，他的情感就开始起作用了。

  情感反映价值和核心的信念，有时他们能体现对长期未解决问题的感觉。我们的行为和在强大情感压力下做的决策可以毁掉成功的机会。看看克劳德（Claude）的情况，他是一位分公司的总裁，他已经错过了提升的机会。他的尊严迫使自己草率地离开了公司。克劳德加入了该行业一家私人的公司，他对这家公司的财务资源问题有所了解，也知道存在一些质量问题，并雇用了一些未经过培训的劳动力，管理者也不太胜任业务的发展需要。克劳德最终成为公司的董事长兼CEO，成为了私人老板。公司似乎从来都没有足够的资金投入到技术、设备和人力方面。特别令人恼怒的是，生产工厂中生产率没什么提高，产品质量问题也频繁出现。克劳德的压力导致了沮丧情感的爆发，常常把发泄

伟大的建议采纳者的态度和行为

的目标锁定在员工身上。一位海外的朋友说,克劳德脾气爆发的原因在于公司的问题都集中在生产上,而他在这方面缺乏经验。海外的那个朋友鼓励克劳德雇用一位运营方面的 EVP 来成为他的经理,并推荐了米斯(Miles),米斯曾经在朋友以前的公司中工作过。

米斯很快就引入了基础的控制措施,并引进了质量管理措施,进行实际的管理变革,为公司注入了新的活力。米斯的工作使得克劳德可以把精力集中到客户关系上,而他在这方面很有优势。由于米斯对运营工作的改善,公司开始赢利,并且获得了应有的市场份额。米斯的影响不断增强。最后,他开始向克劳德说明他努力在文化方面改变企业,并希望在工厂改革方面取得进步。米斯谨慎地避免引起抵触情绪的爆发,但是他还是很坚持自己的这些做法。

随着公司价值的增长,董事会提出了一项战略,决定卖掉公司。找到一家在美国市场内寻求立足点的国际买家。在尽职调查后,克劳德抱怨公司的主席没有通知自己。克劳德已经安排好了参观欧洲的公司总部,并会见主席。会晤很失败,主席到场迟到了,他们几乎就没有相互引见。感觉很不好,克劳德说欧洲公司的报价太低,他已经把公司成功推向市场了。

两年过去了。米斯的努力使得公司成为行业中优秀的公司。最后,米斯成为克劳德内部的主要的政治方面的进言者,他充当着克劳德的合伙型进言者的角色,克劳德很认真地倾听他对行为的建议。米斯的建议在事情发展的整个过

第七章

程都非常有效。慢慢地,克劳德的自满情绪开始增长。他开始意识到自己的情绪和行为之间的关系,能够认识自己的危险信号。如果情绪很激烈,他将听从米斯,或者米斯能知道他有情绪,就直接替他出主意。当公司再次出售的时候,克劳德认为自己在谈判中是不一样的了。公司被以诱人的价格出售了。

理查德和克劳德的例子表明了自我意识和对反馈的接受是不可或缺的。这个例子也说明了一个重要的因素:要接受别人的教训,即使教训是惨痛的。进言者应当能够指出弱点和错误之间的区别,并且知道领导者希望的成功是什么。领导者的工作是努力观察有吸引力的情况的反馈,并且接受反馈,吸取教训。

行　为

责任感、接受力、广开言路和自我意识是有效采纳建议的四个基础,但是只有正确的态度是不够的。另一些因素包括特殊的行为方式和能使领导将想法转变为行动的个人技能,可以通过以下两种途径将想法转变为现实:选择正确的帮助,并建立起进言网络。决定正确的帮助需要从分析现有环境、展望未来理想的情况,以及找出帮助必要的需求开始。然后,目标就是通过选择合适的人并形成巩固的关系去构建最合适的结构。

伟大的建议采纳者的态度和行为

表7-1 专业的建议采纳者的品质和能力

态度	行为
愿意承担责任并受影响 ■ 只有领导愿意承担的责任 ■ 意识到自我的困惑会受到影响 对新想法产生好奇并广开言路 ■ 缺乏对"我们的业务是与众不同的"坚定信心 ■ 仔细、无偏见地寻求事实真相 对自我意识负责 ■ 意识到优劣 ■ 意识到情绪	选择正确的帮助 ➢ 分析形势 　■ 压力领域分析 　■ 书面形式编写,通过信任的人回顾 ➢ 使特殊类型帮助的需求与进言者相匹配 　■ 管理期望 　■ 将学习和决策方式相匹配 建立网络 选择 　■ 内容 　■ 能力 　■ 素质 建立关系 　■ 实际性 　■ 增值性 　■ 独立性 　■ 责任

选择正确的帮助

第一步就是尽可能全面地评估目前的环境,真实地了解公司的缺点,包括人的缺点,和他们行为的缺点,了解政治环境和各种联盟的影响。

下一步就是指出理想化的公司与现有公司状况的区别。当有位领导正好路过听几位经理在议论一个重要的项目时,他能听到什么?如果一位高管招聘一个重要的职位,那么当他去

第七章

面试时,他希望应聘者怎样想呢?哪类人能成为高管团队的成员?他们如何合作?企业组织结构看起来如何?如果客户不高兴,企业的反映是什么?这些想法应当被记录下来,或者与进言者进行交流。领导应该能够自己总结这些内容,并提出行动建议,或者通过领导和下属一问一答式的讨论得到建议。采用哪种方式主要取决于领导风格和方式的有效性。

  一位面临运营压力的领导应当从描述什么有效、什么无效开始。然后他应当努力描述相对理想的细节,如果有这些理想的细节,目前的问题将得到解决,也能够使领导把握住机会。许多领导由于对可能性把握不好,感觉到目前的状况比理想的状况更容易描述。这本是个有价值的发现,一旦领导把他们的分析说给进言者,就把进言者推向了可以提供有效建议的境地。一旦知道了"是"和"应当是"的区别,最后的分析步骤就可以得出由心理学家库尔特·卢因(Kurt Lewin)提出的社会系统分析的创新工具。[3]二战后,卢因建议,世界的冲突可以从数学理论中借用矢量理论来加以解释。卢因认为,群体间的关系受到矢量的影响,会向不同方向施加压力。如果来自一方的压力等同于来自另一方的压力,那么情况就不会改变。如果一方通过增强自我力量或削弱对方力量,那么情况就会偏向一方。

  简单的四部分析法是一种概括企业面临问题的有用方法。

  1. 过于考虑将阻碍组织向理想的状况靠近的因素,有这样想法的人是缺乏必要能力的,他们拥有不充足的资源,提出的战略不符合领导的远见,或者提出的思想打乱了理想的行动。
2. 给每类有阻碍的人群赋予两种价值:一种价值表明他阻碍进程的重要作用,另一种价值代表了消除影响的困难性。
3. 了解施加在正面的影响方面的压力,将企业推向理想的状况。这些压力包括技能、财务资源、态度和组织结构等方面。
4. 给每个方面有价值的人赋予价值,说明他们在组织迈向理想状态中的重要作用。并且说明其重要价值。

这种评估将鉴别出企业中存在的阻碍的力量,要在前进路上剔除这部分人。还应当指出的是,变革是现实的,这些便利的力量可以将组织目前的状况转变为应当的状况。在那些资金有些紧张却在寻求新产品开发的公司中,在诸如"缺少研发资金"等阻碍因素等方面花费精力并不现实,尽管那样的工作非常重要;但是对于另一些因素,如"过于麻烦和官僚的市场和分销进程",尽管这些因素相对研发投入是中等重要的,但却是更容易改进的。在这两种情况下都能决定建议的类型和进言者的类型,知道哪种建议或哪类进言者是最有帮助的。很明智的做法就是记录下这些分析过程。书面形式更详细、客观,比随意在纸上画几下更有用,并更易于评价。

第七章

事实上,一些领导信任的人应当多次评价分析情况。如果我们在第二章中提到的那位巴里先生可以做到这样的简单步骤,那么情况将大有不同。他的分析过于强调目前自己很满意,而付出的代价就是改变目前状况,如果巴里开始相信朋友的咨询建议,因为朋友也知道他的优缺点,那么他可能会提前看到失败。

下一步就是要发现能提供帮助的合适人选,包括两类:(1)使用书面分析去鉴别需要的帮助。(2)确保那些帮助适合领导所学,并且根据自己期望的进言者的样子对建议加以界定。

决定帮助的匹配性。通过指出既重要又现实的人,进行人力资源领域的分析,可以明确战略、运营、政治和个人方面建议的综合性。了解了这些分析的必要性,就可以决定他们的步骤。

如果一位领导是公司新手,新进入企业工作,那么特别了解企业的战略专家就是必不可少的。如果组织需要进一步改革,那么很需要一位战略方面的进言专家,并且他要具备丰富的经验。合适的运营方面的专家可以在成本节约和提高效率方面起到很重要作用,他还应当迅速发挥优势,帮助新领导在企业中树立权威。如果公司中存在政治问题,比如员工欺骗领导,或者高管人员中存在冲突(这种情况对于新领导来说问题很严重,在领导更换职位时也很严重),那么需要一位政治方面的专家。如果领导压力很大,没有信任的倾诉对象，那么个人方面的进言者可以提供安全的港湾，他们对于进言网络来说也很重要。因为变革中的一些压力不可预测，但是明智的做法是，在压力带来一团糟前，和个人方面的进言者搞好关系。

领导的作用和风格决定了进言网络中最合适的组合。如果他面临了新的竞争或未知的运营环境，专家和有经验的进言者是所需之人。如果问题在于从基础上变革组织，他将通过找到一位伙伴关系的进言者来更好地辅佐自己。

将学习方式和期望结合起来。不同的人学习方式不同。哈佛大学研究生院和波士顿医科大学的霍华德·加德纳（Howard Gardner）认为，不能从某一单一的定义去判断智力，智力包含了广泛的能力和倾向性。加德纳还说，人们可以有不同的学习方式，擅长做某事是因为找到了适合的方式去学习。戴维·科尔布（David Kolb）研究了人们在掌握技能和思想方面的差异，他的学习理论可以帮助那些正在构建进言网络的领导。科尔布认为，有四种明确的学习方法，我们每个人都用过其中的两三种学习方法。

> **具体的经验。**通过这种方法能很好学习的人可以总结个人的经验。他们是那样的人——想好去远航，就直接去码头租船。
> **思考的观察。**有类人通过看别人去学习。如果要学打篮球，他们会站在场边，在自己想学投篮前，看别人

第七章

怎么做。

> **抽象的概念**。有些人设计出新理论以解释对他们来说的新概念和经验。他们观察各种现象,评估现象间的相同与不同,然后建立起框架以理解所看见的现象。通过这种方式学习的人依赖于想法和逻辑,而不相信感觉和经验。

> **积极的实验**。有些人通过实验知道如何去做,他们不会从一开始就急于跳入深潭,不像依靠具体经验的人那样,但是他们会验证自己在不同程度上的忍耐力和能力。他们可能会受到最实际情况的主导,当他们用不同方式理解实际情况时,工作才能进入最佳状态。[4]

在领导构建进言网络的时候,这些方法有什么关系呢?领导的学习风格决定了他如何向潜在的进言者表达自己的需求。这些也会影响或应当影响他选择进言者,领导需要的进言者是和自己风格相似的,如果不从私心的角度来看,领导需要与自己风格不同的进言者。与领导风格一致的人将更容易与之交流,很容易理解领导观点。当任务紧急时,选择很明确——要在短时间内去做短期的改进很重要。但是,风格不同的人可以为领导提供新的建议,特别是在领导将目标锁定在理想状况,需要新行动和能力时,这类人很重要。例如,一位不熟悉行业的新领导将从那些新任用的思考和学习方式与关键人物一致的人身上受益匪浅。

来看一位CEO的例子,这位CEO被一家领先的生命科学公司的董事会聘用，请他去提高公司的竞争力。该公司自成立以来，业绩很好，但是公司本身和行业都处在变革中，面临成长中的复杂问题。问题是新CEO的高管团队都是公司成立以来的元老，没有人曾在他们期望规模的公司中工作过。新CEO认为："他们都是公司元老，而不是合适的管理者，如果不作出合适的决策，将完不成设定的目标。"因为这些人的历史作用、对公司的了解，以及忠诚，所以不能解雇他们。这位CEO于是从外部找到了一位曾在大的、管理良好的公司中任职的进言者，这位进言者也曾是公司的元老。

领导的第一个任务是分析自己面对的环境，包括"是"和"应当是"，以及目前的便利和阻碍。经过一些客观的观察，第二个任务就是决定自己需要的建议类型。第三个任务是鉴别领导的学习风格和理想的人际网络。下面分析建立进言网络的一些问题。

建立进言网络

为了建立进言网络，明智的领导需要作出一系列决策，每个决策都是个考验，或是个门槛，而每位可能的进言者都需要通过门槛。有两道门槛，一个是选择合适的进言者，另一个是建立良好的工作关系。每一次都需要领导自问一系列相关问题。

选择。第一项考验是**内容**。通过分析我们的环境，和需要的建议类型，假设一些问题。这些内容是指正确的知识

第七章

吗？要考验进言者是否知道正确的提供帮助的领域。

第二项考验是竞争力。这些内容包含来自直接经验中的深层次知识吗？手边的经验可能来自抽象的知识和仔细的思考，理想的外部专家曾帮助过许多人，出版过一些文章分析什么有效、什么无效。这些文章能保证他们一直在认真思考。不管是内部专家还是外部专家，他们都曾有过和领导类似的经验。如果他也是一位有经验的进言者，他将面临类似的挑战。

第三项考验是素质。这方面领导要自问和进言者共事会出现什么情况。我们会考虑同一种状况吗？必要的素质包括适应性、倾听、反馈和耐心。能通过这项考验的进言者将是领导愿意与之共事的人，他能很快把握领导的需求，以及领导倾向的风格。他们的交流将很容易，领导将愿意与之合作。这种素质是良好关系的前提。

关系。 我们已经知道了从进言者角度来说为什么关系非常重要。那么进言关系从领导角度来看应该是怎样的呢？那些无缘故的挑战需要唯一的解决办法，并需要对假设认真分析。那些分析是需要多人进行的，需要长时间领导和进言者进行面对面的交流。在通常情况下，人与人之间的因素并不重要，不需要密切的情感投入，但是对于被新聘任或被升迁的领导，或者那些有压力的领导，以及努力管理成功企业中基础变革的领导来说，这些问题不是常规的。因为事关个人利益，需要在情感方面投入很多精力。

伟大的建议采纳者的态度和行为

关系问题不像建议一样快速、综合和实际,计算机不能替代面对面的交流。一个月的工作不可能在商学院学到,也不可能通过一周的公司培训习得。这些经验很有用吗?当然,他们可以增强自我意识,提高综合能力,并理解其他人如何完成类似的任务。但对于面对唯一的环境和要强调问题的领导而言,要能够现场解决问题。

因为关系问题不能快速的解决,所以交流非常重要。最好的进言者能够快速理解领导的风格和权力,并且判断自己需要处理的情况。他们能很快地把握领导理想中的情况,并帮助领导明确这些理想的模式。但是那样的帮助的前提是要了解领导的工作环境,并且知道所处的企业文化,以及周围人的处世风格。然后进言者可以据此进行分析,并提出适合的观点,得出自己的推断。从这方面看来,一问一答式的对话对于准确地知道什么有效、什么无效是非常有用的。

领导在那样一问一答式的对话中的作用是明确问题,并结束谈话;进言者的作用是提出最可能的办法去解决问题。当他们把交流结果付诸实践的时候,他们必须确保其他人也理解这些方法,并实施它们。这一混合的问题解决程序需要交流、谈判和相互影响,并且相互理解,从对方角度看问题。换言之,要进行真正的意见交换。领导者披露的情况越多,进言者知道的就越多。而交换的意见对于领导者更为重要。一方面看来,一次设计好的一问一答式的交流能使他探索解决面对问题的新方法,而不冒风险。他也听取一些人的反馈和想法,那些人比周围的人更客观,并且为了领导的成就能

第七章

够孤注一掷。

和选进言者一样，建立关系的任务包括几个步骤和阶段。还需要进行一系列检验，但这次领导和进言者都需要通过检验，因为他们是检验的对象。

第一项检验是**实际性**。如果设计太过精心，束缚了领导和其他人，那么建议就不太有用了；如果因为进言者错误地认为问题很容易解决，就把检验设计得过于简单，那么检验也会没有用。如果进言者仔细评估领导者和他周围人的能力，或者领导不和他分享充足的信息，或者不花太多时间，那么检验无效的情况就会发生。当建议的实际性成为问题时，领导应当自问：(1)我知道希望执行的标准是什么吗？我能给进言者提供他推荐有用的信息吗？(2)我花了足够多的时间去考虑他的想法吗？

第二项检验是为交换意见提供**附加值**，最好的标准常常就是双方讨论的结果。我们能通过交流得到有效的信息，或能指导如何去做吗？如果每次会议后领导都能知道一些自己不了解的情况，或者对下一步该怎么做很清楚，那么就能通过这次检验。领导的作用是去管理交流过程，使交换意见的附加值清晰化。经常问"附加值在哪里？"将促使进言者说明自己的建议有何不同。如果领导没有说出进言者的建议如何影响自己的议程，他就知道进言者没有准确理解自己的意图。

第三项检验是**独立性**，领导要自问的问题是：我相信这个人会像他所说的去做吗？领导应相信进言者把协议视为承诺,不必不断提醒。进言者应当不需要催促,而及时汇报进程,并帮助领导追踪他们达成一致的议程。领导应当和进言者口径一致,也应当兑现对员工的承诺。如果不能像承诺的那样做,不参加会议,在最后时刻更改议程等,将会毁坏和进言者的关系,就像破坏与下属的关系一样。同样的情况下,如果领导不能实现承诺,他必须要给进言者一个反馈。如果原因是领导不清楚自己的想法,那最容易解决。那也是进言者了解领导依赖性的最直接方式。

最后一个检验领导者和进言者的关系的重要因素是**责任**。对责任的定义可以提出下列问题:(1)这些进言者大都对我的问题感兴趣吗?(2)他们对我的成功在意吗?如果进言者觉得对领导的情况很感兴趣,他们的关系发展会很快。一位明智的领导能从进言者的问题和他们的主动性方面判断他们的兴趣。那些能通过此项检验的人能继续工作,在他们介入工作时,能与领导交流问题,并在后续工作中提出新观点。

进言者关注领导成功的一个迹象就是,他和领导一样关注过程。他们能仔细倾听领导的心声,并提出细节的东西。领导因为听取了进言者提出的问题,觉得自己的思路打开了,他的行为和热情都大大提高。领导越广开言路,他就会有越多的进言者愿意与之工作。进言者知道领导的个人方面的需求越多,能提供的帮助也越多。

领导应当对双方的关系承担更多的责任,表示他们达成一致的任务很重要。从我的经验看来,那些站出来承担责任

第七章

的领导是聪明的建议采纳者，他们从进言者身上得到了更多的价值。他们常常承担了很大的工作压力。一个好例子是前财政部长保罗·奥尼尔(Paul O'Neill)。尽管他承担了巨大的责任，并且把工作时间按 15 分钟分段，奥尼尔还是把重要的事情告知自己的进言者：他经常为会议做好准备，一直在思考自己的责任是什么。他仔细回顾上次讨论的细节，注意进言者提出的问题。相反，那些没有准备就参加会议的领导，以及迟到、推迟会议的领导，给进言者的印象就是，他们的工作对他来说根本不重要。

回顾一下，选择进言者需要进行的三个检验分别是：内容、竞争力和素质。第四个检验是领导和进言者需要共同通过的：实际性、附加值、独立性和责任。每个方面都帮助领导评估他的进言者是否真正有帮助，他们的建议是否可行。能完成这些检验就是有意义的交流。而交流的关键，我们在第八章中将说明，就是倾听的能力。

第八章 倾听
——专业的技巧和其他关键的成功因素

卡尔·罗杰斯(Carl Rogers)认为,交流的主要障碍是,我们在完全理解其他人说话内容前,估计和评价其他人说话的倾向。他还认为,当介入情绪倾听的时候,我们的倾听能力会被减弱。[1]当领导期望很高,而且有成功的巨大压力的时候,他才能够仔细倾听,但是那时他的强烈的倾向可能阻碍自己的理解。当事情很难做的时候,领导怎么才能最仔细地倾听呢?

倾听——专业的技巧

看一个史蒂夫(Steve)的例子,他是一家公司的两位副总经理之一,他在这家公司度过了职业生涯的大半生。他很独立,很忠诚,工作也非常努力,因此大家都普遍认为史蒂夫是一步一个脚印走上去的。他以前的顾问,退休的CEO说:"史蒂夫是从最基层的工作开始干起来的。在他20多岁的

第八章

时候,他在海军陆战队服役结束后,他就参加了夜校的学习,比所有人工作都努力。"

忽略不合适的建议:"他认为成绩应当属于自己"

史蒂夫管理人的方式使得人们对他很忠诚。在所有的高级经理中,史蒂夫是最容易记住秘书生日的人,他也能在以前员工的女儿婚礼上送个礼物。但是,他却和上司不特别熟。他的直接上司经常称赞他的风格,而别人却态度相反。退休的 CEO 认为:"许多人都认为史蒂夫很傲慢,是踩着自己肩膀上去的。当一些人表现出自己要比别人优秀很多似的时候,史蒂夫很讨厌这些人,特别是他们表现出比较看不起公司的底层员工。简言之,史蒂夫和上司的关系不太好。他与人力资源老总和财务老总在工作上有些摩擦。这两位老总都是很好的人,史蒂夫认为他们可以在别人阻碍他们工作的时候,把那些人剔除出去。他把自己当做保护者,因此他们间总有点激烈的争论。史蒂夫多数都态度很坚决,他们只能无话可说。但是他们可能还会在最后的回合中取得胜利。"

前 CEO 的这段话是什么意思呢?在他计划成功的过程中,董事会曾经同意让史蒂夫作为一个候选人,他是唯一一个来自公司内部的候选人,同时从公司外部找了位其他候选人。一些董事会的成员很喜欢史蒂夫的果断和真实的风格,但是一些他的同事认为很难了解他。董事会成立了一个调查机构,并且设置了一些面视程序。

倾听——专业的技巧和其他关键的成功因素

外部的候选人有很强的实力。CEO尽量不参与评判,但是他和史蒂夫进行了一次交谈,他回忆到:"我努力说明那是一场真正的比赛,其他候选人也都很优秀,并且面视不错。同时,他表现也很好。我告诉史蒂夫,应当让董事会知道自己为公司所做的所有事情。他必须把自己推出去。他其实根本不喜欢那样做。他认为自己的业绩应该能证明自己的工作。"史蒂夫忽略了CEO的建议。人力资源和财务的老总都对史蒂夫进入董事会采取了保留意见。董事会雇用了外部的候选人诺姆(Norm),最后根本就没让史蒂夫参加全部的面试过程。

不能够倾听:"他们不是在讲同一个事情"

史蒂夫非常沮丧。然而,很快诺姆就意识到了史蒂夫对公司的重要性和他的忠诚。诺姆上任后第一个会见的人就是史蒂夫。但是史蒂夫表现出很疏远,而且不愿意与之建立关系。诺姆认为公司管理人员过多,造成了成本的提高,影响了公司开发新产品并进入新市场的决策,在这方面,史蒂夫第一次和诺姆公开表示了不同意见。诺姆鼓励他的高管团队去发表意见,希望通过公开的讨论能说服他们。但是讨论最终造成诺姆和史蒂夫之间的争议。这位新CEO回忆道:

> 通常,诺姆列举了公司的客观情况,和固定的做法。你从他的逻辑中可以推断,公司的结构是个

191

第八章

巨大的问题。你不了解他努力去用自己的方式去看待情况时那种真实的感受。诺姆很认真对待这样的决策,如果我们按新模式做了,就要确保那么做是合理的。如果工作没有了,我们就是让人们离职,或者提早退休。然后史蒂夫继续问问题,却忽略了答案,而继续发表评论。很快讨论就成为史蒂夫与诺姆俩人的谈话了,别人都不吱声了。讨论很激烈,我们其他人都把椅子移开桌子一段距离。他们的个性都很强,但是他们的强度不一样。其他人都摇头离开了会议室,因为他们都开始指责对方的过去,而不是就事论事了。

学会倾听

诺姆很确定没有什么比史蒂夫的反应更强烈了。它也认识到了史蒂夫对公司的价值,知道自己在重组公司中史蒂夫的关键作用。诺姆说:"别人对于我们的争论,都认为是没有好处的。但是,那样能把人们分成两方,而且这些人很快会选择一方。"史蒂夫愿意到冲突的最底端去工作,他们同意与外部的专家一起工作,这些专家能够提供四个步骤的建议。

1. 专家们分别和史蒂夫与诺姆在六个问题上展开讨论:(1)诺姆重组计划的优缺点;(2)他们在重组中期望的情况;(3)回顾他们以前交谈的内容;(4)一方认为另

一方的情况应当是什么样的;(5)他们认为对方为何持有那种态度;(6)他们为了追求共同点做了什么。

2. 由进言者书面分析他所听到的。诺姆和史蒂夫只同意对决策的重要性和优点以及危险进行分析。特别要说明的是他们的情况,并回忆一下他们之间发生的特别明显的争议。

3. 请CFO和市场副总监对书面的分析进行评价,这两位也参加了会议。在和进言者的分别讨论中,每个进言者都要说诺姆对史蒂夫的评价和史蒂夫对诺姆的评价。然后进言者将两人召集到一起,一起评判诺姆和史蒂夫的交谈。两人都认为,诺姆和史蒂夫双方都没有倾听对方的意见,并且在一方说话的时候错误地打断对方。

4. 一个由诺姆、史蒂夫和进言者参加的非现场会议,试图使双方产生共鸣,或者得到结论,形成完全一致的意见是不可能的。他们同意周六会见,这样就不存在时间限制。进言者开始说出了署名评论的内容,然后请诺姆说说史蒂夫的情况。史蒂夫很快就打断了诺姆,指责对他的错误观点。进言者请史蒂夫保留观点,不要打断诺姆。当诺姆说完了,进言者请史蒂夫不要再重复自己的观点,并且重新说他听到的关于对诺姆的传言,并且描述如果自己站在诺姆的位置上,应当怎样做。当听过了史蒂夫的观点,进言者说自己领悟到诺姆的观点和史蒂夫的差距很大。他又请诺

第八章

姆去解释他观点的可行性，并且请史蒂夫不要插嘴，并且在诺姆结束谈话后重复他的观点。史蒂夫试图重复他所听到的内容，但是错过了一些观点，并错误地打断了诺姆的想法，还错误地理解了诺姆的一些意图。当让诺姆重复史蒂夫观点的时候，他也承认，自己只能比史蒂夫刚才的重复好一点点。会议开了好几个小时，在这个练习的过程中，诺姆第一次学会了让董事会做成功的决策，并且意识到史蒂夫的观点使自己的想法更丰富了。

史蒂夫和诺姆最终达成了一致的意见，这个决策是史蒂夫提出的。为了安慰高管层，两人都以继续倾听、理解的方式工作。诺姆仍旧在董事会上提出对高管的要求。第一个要求就是让成员总结前面人所提出的观点，然后说原因，最后再执行。诺姆和史蒂夫学会了什么呢？他们意识到偏见和自以为是会阻碍倾听和理解的重要原因，学会了改善他们倾听能力的方法。

正如史蒂夫一样，太多的领导都过快地判断他们听到的内容，不理解就当耳旁风过去了。作为精明的决策者，可能曾经因为在数据受限制的情况下，快速的决策常常会让人觉得不错。但是这样的做法会使领导失去了成为很好的建议采纳者的机会。当有精神压力寻找建议的时候，快速的决策可能会超越倾听的能力和自我意识。很可能在最有创造力的情况下丧失了机会。因为倾听很难，特别是在压力重重的情况下要作出快速的决策,听众正确的建议可以使人与众不同。

在有压力的情况下管理建议

美国总统的建议曾经被很好地记录下来,对于公司领导来说这是很有启发意义的。克拉克·克利福德(Clark Clifford)曾为四位美国总统做过咨询,他总结领导者和顾问的关系如下。

我曾经被多次问过,外部进言者的作用是什么?总统应当如何任用这些进言者?我的答案很简单:尽管总统可以忽略建议,但是他们都应当确信他们是从信任的第三方那里得到了合理的和可供选择的建议(第二方的建议来自国会的领导者)。尽管内阁成员和白宫的高管助手们都很讨厌外部的进言者,但是如果总统只依赖于它的员工和联邦政府的成员的意见的话,那么他将会冒很大的风险。每个人都有自己的利益和机构的优先权需要保护。而当政府官员面对一种选择的时候,外部的进言者提供的建议很可能被怀疑不准确,可能会影响总统在争论时候的判断。他们可以从自己的角度为总统提供一个不同的观点,当白宫的人并不值得信任的时候,他们却能很诚实。

克利福德认为,顾问帮助的方式依赖于领导的风格和个

第八章

人品质。

多年来,我拒绝所有的建议,后来成为约翰逊总统的顾问,就像我为肯尼迪总统工作一样。然而,我和他们每个人的关系却大有不同。肯尼迪总统需要我的时候,通常是在特殊问题出现的时刻,我去充当一种确定的角色——比如说,处理钢铁危机的猪湾事件。而约翰逊总统需要我的时候,却常常出现在他感到困惑的时候。约翰逊经常请我参加重要的国家安全会议,而那种会议往往只有政府官员参加,而肯尼迪却从来不那么做的。在那些会议上,我几乎不说话,除非总统点名要我发言,甚至我会在之后才和他私下说出我个人的观点。[2]

1960年,克利福德在约翰·肯尼迪总统当选后未上任前,写下了个备忘录。备忘录的标题是"交接工作的备忘录",其中记录了各位继任的总统的各方面,以及艾森豪威尔总统顺利交接工作的内容。克利福德希望一些政府部门对新的管理政策提出反对,并强调了他所谓的"快速行动的第一个问题"。他常常提出控制执行队伍的细节建议(强调每个主要的办公机构都要与白宫协调一致),并注意与国会的关系(回顾了相关的国会的规则,并提供了如何面对肯尼迪总统的"国会领袖要监督立法过程"的办法)。[3]

另一个典型的例子就是威廉·苏厄德(William Seward)

对美国总统的书面建议——"对总统思考的一些想法"。其中强调,他对亚伯拉罕·林肯的态度,似乎自己是林肯的秘书。这个建议比克利福德的还要激进(苏厄德对于林肯的提名很反对,可能一直在和他为此争论)。这是一个下属为新领导提供反馈建议的例子。他批判国内外的政策(苏厄德说,林肯在继任的一个月期间,还不了解国内外的政策),批评总统花费过多时间树立爱国主义的观点,每天在类似问题上提出很多观点,讨论了军事问题,还提出其他一些建议。

一些领导可能会因为新下属提出那样的建议而解雇他们,特别是这些下属曾经是自己的竞争对手。但是,林肯的反应表现了他的成熟和管理风格。他对每个观点的细节作了回复,或者是同意,或者修改。林肯也从下属的建议中获得了足够的东西。他看到了废除奴隶、实现联邦的利益,他的做法也使他得到了不断的好评,有些是在苏厄德的备忘录中得到的。当需要林肯说出是总统还是秘书应当提出政府的政策的时候,他清楚地表示:"如果必须作出,我想该是我提出。"[4]

在他对苏厄德的反馈中,林肯也显示出了自己作为一名卓越的建议采纳者的智慧。他没有送出那份备忘录(唯一的一份就是他手中的),但是他就那些观点逐一与苏厄德进行了面对面的讨论。通过林肯的技巧和他尽可能地尽力从双方的角度考虑的做法,可以知道林肯能够清楚地表达他和苏厄德的观点,在执行过程中系统地运用苏厄德的观点,仔细倾听下属的评论,倾听他们的正反面的观点。他们之间的会

第八章

谈似乎对双方都很有启发意义,并为彼此建立了很稳固的合作关系。

由于苏厄德提供了建议,因此林肯学会了管理和建议采纳方面的技巧,如果不是这样,他根本学不到这些,或至少不能这么快学到。管理技巧就是要仔细研究苏厄德的决策(林肯对于苏厄德快速对多个困惑作出决策的做法很疑惑)。而建议采纳方面的技巧就是要倾听自己内阁成员的观点,他们的观点和决策与自己的很不同,林肯相信在某种程度上他们的观点更好。[5]

专业的提问和倾听——古巴导弹危机

一个值得称道的例子就是在压力下专业地管理建议,并且掌握倾听的技巧。这个例子就是约翰·肯尼迪在处理古巴导弹危机时的情况。核战争在世界两极超强势力中展开是很可能的。严重的可能性带来的后果将使危机四伏,而时间的紧张加剧了问题的严重性。最重要的危机是领导的观点,即肯尼迪如何管理决策制定的过程,特别是,他如何使用自己的进言者解决问题。危机的过程是这样的。

> 1962年9月6日以前:前苏联秘密地在古巴设置了中程的弹道导弹。
> 10月16日:当天早上,中央情报局向白宫报告,一辆美国侦察机已经捕捉到了导弹基地的位置。上午11时45分,中央情报局向高层官员提交了古巴导弹基

地的明确位置。

- 10月22日：肯尼迪声称发现了导弹。他要求前苏联军队撤离，封锁了前苏联对古巴导弹的运送，警告前苏联，美国将采取全部武力措施应对他们的行动，并且将美国的警备级别上升为完全警戒状态。
- 10月24—25日：前苏联首相赫鲁晓夫也将其国家的警备级别上升为完全警戒状态，并扬言如果美国船只要封锁他们，他们将打击他们。前苏联的六艘运送武器的船只被阻拦了。
- 10月26日：赫鲁晓夫通知肯尼迪，如果美国承诺不入侵古巴，他们将撤出导弹，并撤回武装部队。
- 10月27日：赫鲁晓夫要求美国从毗邻前苏联边界的土耳其撤走导弹。肯尼迪回复，只有当导弹在第二天撤离，他们才同意不入侵古巴的要求。否则，他将下令进行空中打击。
- 10月28日：赫鲁晓夫声称撤出了所有的导弹。

这次事件对于肯尼迪来说是很好的外交胜利，他在16个月前的维也纳会议上曾经受到了赫鲁晓夫的胁迫。世界如何走到了核战争的边缘呢？学者们针对这个问题已经讨论了40年。现在看来，似乎是赫鲁晓夫和肯尼迪对于他们的政府有很强的控制权，并且决定避免使用核武器。两国曾经都参与了激烈的二战，如果不考虑战略意图，双方都很清楚战争的不可预计性。这样，双方都在致力于支配双方的交

第八章

战边界。但是双方又都不确定对方的意图,麦乔治·邦迪(McGeorge Bundy)是肯尼迪国家安全中心的专家,把那个时期称为"最危险的核武器的年代"。国家安全防御大臣麦克纳玛(McNamara)认为,世界核战争处于千钧一发之际。[6]

我们现在的兴趣在于肯尼迪如何管理这次危机,并且他是如何充当一位好的建议采纳者的。

肯尼迪的进言团队

肯尼迪在听取了中央情报局在10月16日的汇报后,组建了国家安全执行委员会,或简称Ex-Comm。委员会的成员是肯尼迪认为那个时候不可或缺的人,他们不用考虑礼节或级别。其中四个是内阁成员,其他的人来自州和国防部、参谋首长联席会议,以及白宫。国家安全执行委员会的四名核心成员中偶尔会加入一些其他人,这些人因为知道一些重要信息,或者肯尼迪非常欣赏他们的观点。他们包括副总统、驻美大使、两位前任的内阁官员、一位前任驻前苏联的大使,以及陆海空三军的首领。

肯尼迪提出了危机的紧迫性,并且说出了失败的恶果,他要求国家安全执行委员会秘密召开会议。他要求身边的人员尽可能正常地开展工作,他自己也如此。后来肯尼迪写道:"如果我们的意图被报道了,那么结果将大为不同……我们最后将面临危险。"[7]

会议的召开很机密,直到肯尼迪声明以后,前苏联才知道美国已经发现了导弹。他们因此在战略上就不具备灵活性。未知的因素是为什么赫鲁晓夫在古巴放置导弹。[8]肯尼迪知道赫鲁晓夫是个富有心计的领导者,就像肯尼迪一样,他知道好的地理政治是一步利益攸关的棋,可以把注意力从关注一方的真实目的转移到关注战略位置上去。肯尼迪相信赫鲁晓夫如果没有战略目的,不可能采取那样激进的步骤。肯尼迪很清楚,如果国家安全执行委员会过多考虑相关群体的利益,那么自己就会缺乏灵活性,就不能作出后来的决策。[9]

肯尼迪如何领导国家安全执行委员会,揭示了他的决策制定的风格,和使用进言者的方法。这一决策的合理性在于,阻止了单一的要控制整个过程的观点。特别是,阻止希望控制军队的想法。他在二战中的经历使其不相信高层军队的军官和士兵,因为这些人没有去过前线。[10]而参谋首长联席会议希望马上进攻古巴,而肯尼迪认为那样的做法是不计后果的。他对助手说:"如果我们像他们说的那么做,现在就没人能活下来告诉他们错了。"[11]

尽管他不信任军队的军官,肯尼迪很明白不能开除他们。而是确保他们与那些同样强烈信任自己的人一道参加谈判,避免两类人之间产生冲突。国务卿迪恩·腊斯克(Dean Rusk)在一次会议上说:"我们有义务去做必须做的事……其一就是前苏联和美国有机会在事情难办前都脱身了。"[12]安全防御大臣麦克纳玛也赞同通过谈判解决问题,尽管他知道军队军官也在场。

群体的动力

一段时间以来,讨论就是关于"无规则的胡言乱语"。[13]如

第八章

果肯尼迪没有发现这样的价值,那么没有规章的讨论不可能风靡起来。在遇到危机的时候,他鼓励自由表达想法和观点,并且允许(或者说隐含着鼓励)团队成员重新评估他们观点的价值。麦乔治·邦迪(McGeorge Bundg)三天中更换了四种想法,第一个想法是希望通过空中打击解决问题,然后是封锁,还有一个想法就是直到前苏联威胁到了柏林他们才行动(肯尼迪开始怀疑赫鲁晓夫的目的是使用导弹作为在柏林问题上议价的砝码),最后的想法就是再次的空中打击。[14]

考虑到前面赫鲁晓夫可能的行动会造成的麻烦,有规章和议程的领导可能会通过分析解决问题,或者采用参谋长联席会议提出一致同意的意见。当然,这里肯尼迪也会采用明确的意见,并且通过一问一答式的解决方案。后来肯尼迪把参谋长联席会议这个群体的动力描述成如下情况:"在这些商议意见中,我们平等地交流……交谈完全没有束缚。每个人都有平等的机会去表达自己的想法,并且直接倾听他人的意见。这样的方式是非常规的,不是政府机构以往按等级讨论的方式……事实上,我们能够交谈、辩论、商讨,然后再找到最合适的方式。"[15]

群体有动力的一个重要的因素以及肯尼迪采用的决策制定风格就是他采用了专家小组。在参谋长联席会议之后,他还会见了自己的兄弟罗伯特·肯尼迪将军,以及白宫的助理和演讲撰稿人泰德·索伦森(Ted Sorenson),请他们评价讨论结果。索伦森然后将修改好的观点列一个表。他不会提出一些特殊的观点,至少在会议中。作为参谋长联席会议的主要调配人员,索伦森准备一些问题的总结,服务于决策框架,在会议中督促、提问、总结,并使讨论顺利开展下去。

建议管理

如果领导者注意倾听,并向进言者的观点和基础的假设提出挑战,还允许在没有胁迫和打击下属的情况下推迟决策,那么公开的讨论将会很丰富。这样做要求具备一系列的技巧,很少有领导能做到,特别是在有压力的情况下更难,但是肯尼迪已经做到了。

当一位会计谈到肯尼迪的管理风格时说:"他没有令人厌恶他的观点。他常常将自己不清楚的情况变成明确的需求,并对于任意的打断(不管事情是大还是小)不当回事。他让团队验证舆论的本质。[16]"

他可以通过他兄弟或者通过索伦森,明白核心团队的成员会努力排除相反观点的人。而他本人确保那些人参与其中,尽管其中很多人让会议缺乏秩序。肯尼迪希望通过彻底的讨论得到特殊的行动结果,并且一些与会者的主要角色是提供无拘束的、客观的分析。

采用提问和倾听的技巧

肯尼迪在提问方面也很有技巧。他从中获得了两个优势。第一,它避免说出自己如何想,以及如何希望,以避免表露自己的观点。他相信如果很快说出自己的想法,可能会限制交谈,因为下属对于同意他的观点感到有压力。第二,他

第八章

强迫国家安全执行委员会去看看他们能够明显看到的情况。肯尼迪明白正确的提问能够使进言者变得活跃起来,去思考答案以及领导提问的原因。陈述的内容只要求进言者倾听,并且充满耐心。

肯尼迪提出了严肃的问题,以确保美国没有做什么使前苏联误解,而导致加剧了危机。他相信,除非赫鲁晓夫感觉到被逼到了死胡同,或者感到了耻辱,否则危机并不能很好结束。肯尼迪的提问迫使国家安全执行委员会的每个人从莫斯科的对手的角度考虑问题。我们能够确保赫鲁晓夫理解我们、相信我的观点、尊重国家的利益吗?前苏联人能够有充足的时间去了解我们所做的吗?他们会从我们的角度看待这一问题,把此当做挑衅吗?他们会考虑不得不采取措施去保全面子吗?我们把他们推向了我们不希望的方面吗?

随着危机的进展,肯尼迪的主要观点似乎一直使赫鲁晓夫相信美国的目标很受限制,并不希望使前苏联受辱。他在危机之后说:"核武器将改变正面的作战,这将迫使竞争对手在屈辱中遭受失败,或者采用核战争。"[17]肯尼迪只是简单宣称这就是他的想法,并且告诉国家安全执行委员会去制定合适的做法。肯尼迪的提问是为了验证这个规则的有效性,以及他的进言者的关心程度。

我们可以从肯尼迪处理古巴导弹危机的事件中学到采纳建议的哪些东西呢?这个例子说明了下列五个方面。

> ➤ 肯尼迪意识到自己一个人不可能解决危机,他需要建

议。
- 他建立了 Ex-Comm 作为组织进言者的机构,这个委员会很符合当时情况的要求,并且也符合他个人的决策制定风格。他要求以一问一答式的方式去提供和分析信息,这种方式能够验证他们的假设,当他不在场的时候,讨论仍然能够继续。
- 他邀请了两个非常信任的人,他的哥哥和索伦森,在他不在场的时候能够继续讨论。
- 他确保各种观点都能陈述出来,整个过程中作出一项决策不是问题,而要持续得出结论也非易事。
- 他很有技巧地使用了提问的力量去澄清自己的选择,并且让他的进言者全面真实地表达他们的观点。

肯尼迪也采用了头脑风暴法,很快挑选了一个具备专业技能的团队,帮助他选择最好的行动方案,这些人也能在方案制定后对它进行修订。整个危机耗费了肯尼迪和国家安全执行委员会 13 天去解决问题。肯尼迪的战略掩饰了自己在各个不同阶段的想法,而他只对哥哥、索伦森和亲密的进言者才会说出这些观点。他同时请委员会采纳那些好的想法,这些想法既大胆又灵活,但是肯尼迪保留最终的决策权。这个过程的一些方面对于高风险的政府决策是很独特的,但是这样的过程对于任何面临危机的企业来说,都是一个综合的决策制定过程。下面我们将讨论肯尼迪在古巴导弹危机中采用的三个关键的成功因素。

第八章

关键的成功因素

对于熟练的和反应迅速的领导来说,有三种特殊的成功因素能够挖掘出建议的全部潜能。

- 在需要的时候发现并采用正确的进言者。
- 允许进言者了解你的计划和你的想法。
- 个人承担责任。不要期望进言者做你应该做的事。

在需要的时候任用正确的进言者

我们在第二章中曾经提到过的韦恩面临着严重的情况,如果他能够很好地运用帮助,那么他的董事会可能就会出现转机。但是在他发现问题的最初迹象的时候,他却没有向进言者伸出援助之手,并且也没有向他的妻子求助。一个他决定离开公司的原因是因为他错误地理解了董事会,另一个原因是他低估了前任主席的影响。如果他能够正确地运用忠诚的人,如 CFO 和顾问,他们能与董事会保持经常的联系,韦恩可能就会对董事会在紧迫时间内准备抵抗的情绪有所察觉。同时,他的妻子也指出,韦恩的前任主席曾经和董事会有所密谋。如果他早一点相信她,那么他在和部门领导会面前就可能做好准备。

下面比较一下几年前发生在纳特·斯托达特(Nat Stoddard)身上的事。纳特·斯托达特管理着 Crenshaw 联合会(Crenshaw Associates),这个机构是新职业介绍和职业生涯管理的公司。一次会上,迈克·莱斯(Mike Rice)这位曾在华尔街发展很快的年轻人在一次评估管理的会议上,遇见了纳特。纳特告诉迈克自己的公司能帮助人们选择职业,或者决定更换的工作。而这时迈克的公司正处于发展不错的阶段,纳特认为,如果迈克不想换工作,那么自己的公司就对他没有任何用处。迈克说自己没有计划换工作,如果早几年就有换工作的计划,现在早就换了。他可以在需要纳特公司服务的时候去找纳特。他希望在需要建议的时候,能找到这些进言专家。

这个首屈一指的方法也适用于那些从企业外部聘用的高层管理者。他们面临三个核心挑战。[18]第一个挑战就是学习。公司的新领导必须尽快地掌握新公司中实践的、政治的、道德的和文化等方面的情况。如果这位新领导来自于其他的行业,他必须能够控制他的客户、经济情况以及市场的发展动态。第二个挑战是远见。新领导必须采用自己所学的去整合并重新按照自己的设想为公司定位。第三个挑战是联盟关系的建立。领导者必须估计目前联盟关系的情况,并且了解哪个是成熟的,哪些是需要改变的。

学习、远见和联盟的建立是新领导表象之后必须学习的东西。他们急迫地想知道自己的成功与失败,但是他们可能被更明显的战略或者日常工作模糊了视线。而这些挑战很少被新领导或者所谓的 CEO 和董事会所谈及。一个好的开始很重要,他们在过渡时期应当采用一些措施(过渡期是指工作最开始的六个月)。这个时期采用进言者特别重要。而

第八章

当有太多的信息需要掌握,并且有太多的个人情况需要处理时,新领导几乎没有时间去追踪这个正确的建议。如果领导已经开始了新工作,而进言者还没有到位,他可能没有时间去思考这些帮助。

对于那些在信息技术和自动化建立过程中,使用庞大系统的人将建议放在最后再考虑是很明智的。他们都面临同样的三种问题:(1)尽管计划了很久,对于总成本和及时运送有很大影响的决策都会在预算得到了官方同意以后才能做出。(2)许多决策最后都加以更改。那些成功的关键因素都被忽略了,或被错误理解,因为没有哪位经理愿意对执行决策负责,也没有哪位最后的使用者愿意参与决策。(3)只有在成本超出限度或者计划推迟了以后,合适的人才能谨慎地根据投入作出决策。

那些和我一样从提供建议的角度工作的人认为,顾问没有在足够早的时期被引入。作为顾问,我们一直以来就比我们的客户对如何使项目成功运营有经验,但是我们常常是在企业已经决定了需要顾问以后才被聘用的,或者评估一项程序已经定了项目管理结构以后才被聘用的。我开始认识到,他们犹豫的原因在于缺乏信任。他们害怕被利用,害怕我们会在某种程度上会影响他们的想法,那些想法可能被我们自己利用。是否信任是根本的原因,不让咨询专家尽早介入项目会造成很大的麻烦,并且会造成成本的浪费。

请进言专家介入你的计划和想法

请进言专家介入包括两个方面。第一就是帮助领导分配计划的时间。这在部分意义上看是简化执行助理和员工的工作。执行助理的任务是节省领导的时间。最理想的情况就是专家能够分配好下面几个方面，比如管理信息流和人员，同时分配领导需求的顺序。目的是使领导有时间和精力去完成最重要的项目。即使进言者对领导的执行助理很友善，但除非领导已经说明他与进言专家共事的重要性，否则进言专家不可能在那时候介入。同时，最好的执行助理能和领导保持一致，如果他们感觉到能够从某位进言者那里受益，那么进言者的介入就很容易了。

进言专家介入的另方面与领导的想法有关。领导必须和进言者分享自己期望的成功和希望避免的事情，并且开诚布公自己的动机和希望的结果。随手记下领导的想法可以称为分享观点。正如我们前面提到的，进言者的风格和情绪经常会决定领导披露情况的多少，但是领导也必须完成自己的责任，特别是一开始就要以身作则。安东尼·杰伊（Antony Jay）30年前发表在《哈佛商业评论》上的一篇文章就提出了如何从进言者那里找到中肯的建议。[19]

即使领导者很自信或者问题很普通，也要告诉进言者完成项目的根本目的。 杰伊对坦诚进行了讨论。杰伊指出，尽管人们能够理解谨慎的做法，特别是在遇到敏感的情况，领

第八章

导隐藏自己的焦虑和动机时间越长,那么错过好建议的风险就越大。

看看下面的例子。我曾被请到一家公司去做咨询,我和这家公司的高管都比较熟悉,但是我却从来没见过他们的CEO。在我和CEO的首次会面中,他就和我抱怨:"我的下属总是达不到我的要求。"这意味着很多事情。因为我了解这个企业,并且对困扰他的情况略知一二,我用一种特殊的方式向他提问。最后知道了,他的困扰是:他的CFO得不到下属的信任,同时他又与管理公司最大分公司的EVP有些矛盾。这位EVP的态度造成了高层内部的紧张气氛,同时影响了分公司中层管理者的忠诚。如果CEO早一点提出"没有人信任戴维,这位EVP无可救药",就可以节省很多时间。而传递给进言专家的信息是,情况比一开始看起来的要复杂,除非领导自己可以指出下属的问题,努力才有效。而领导得到的信息是:对于进言者最好的检验是他能够对领导的真实想法进行反馈,而不只是理解领导的想法。

开始要询问进言者一些泛泛的问题。比如问"你对我的现状有何看法?"泛泛的询问可以有两方面的意义。第一,领导没有远见的一个原因是他身在环境中,这样问了以后他可以从客观的角度了解自己的情况。第二个意义更深刻一点,就是这样的对话可以激发领导去检验自己的假设,因此能够了解的目前情况,并更有效地处理未来的问题。询问"你认为我在这方面做得对吗?"可以帮助深入思考。因此"聪明的

'愚蠢问题'"是基础的问题,但是问题的答案可以使领导从另一个角度考虑自己的议程。有时,简单的问题如"为什么你能得出那样的结论"也可能使领导在对话中产生一些想法,如果没有这样的对话,领导可能都不会有这些想法。

另一种有效的反馈就是"我不理解你刚才所说的观点"。这样说的价值在于使交谈双方都明确了对话的内容。我的一位经营着一家大的资产管理公司的朋友最近雇用了一位有成就的IT经理。这位IT经理很习惯与领导讨论最先进的风险管理技术。在每次与这位IT经理交谈后,我的朋友都会抱怨自己应当找一本IT词典,去学习这位经理常提的新名词。最后,在一次一对一的交谈中,这位CEO说:"你应该知道,今天和你谈话我只理解了你所说的一半内容,我希望全部都理解。"IT经理才意识到自己犯了一个通常的错误,他把CEO当做非常理解技术的人。杰伊的文章中指出:"很多专业人士常常会被行业术语迷惑。领导和进言者都需要学会沟通。确切地说,在最初的会议中应当花些时间来了解一些词汇。要在例子、定义或者词汇上有疑问的时候直接提问。"[20]

承担起自己的责任,不要期望进言者做你能做的事情

领导的首要工作就是尽可能地弄清楚自己想要做的事情。这个任务包括两个方面。第一就是明确企业将要实现的任务或目标,要能够为企业的不同的股东提供目前企业没有的东西。很多领导在这个方面做得很好。他们是成就导

第八章

向型的人,很清楚如何为目标下定义,他们已经学会了管理项目以构建目标的框架,因此他们是独特的、现实的、可评估的,并且是守时的。

而第二个方面是很多领导者,甚至许多很有成就的领导者也会那样做的,即让进言者帮他们完成对企业的远见的设想。正如我们在第五章中讨论过的,愿景是领导头脑中设想的,企业将会实现的任务和目标。其中包括什么样的人呢?他们会怎么做呢?那样的企业文化和精神将是什么样的?企业的价值将是什么?企业将会被集权化,还是会将其权利和成本分配给运营部门?企业的主要任务如何能够得到不同方式的完成?企业未来的结构将是怎样的?常常,领导者会停止思考企业的目标或者任务,或者思考两者中简单的一个方面,领导会放弃对这个方面的思考。

在公司努力弥补失败时,占比例比较高的一个原因就是领导没有发现公司所需要的人帮助其改变现状。领导确立了雄心勃勃的目标,但是限制了那些要解决问题的人。或者领导意识到忠诚的管理者需要改变,也和他们沟通过了,但是还是没有说出他们应当如何改变。

对于专家型的进言者来说,承担创建企业愿景的任务是很有风险的。领导的工作是要为未来发展下定义,或者说是对目标或任务负责。进言者的工作是为领导推荐方法,让领导明确愿景,并且提供能够实现愿景的途径。正如在本章中最开始引用的话指出的,结果和过程的区别是领导与进言者关系的核心。安东尼·杰伊的文章也认为:"领导是结果的专家,进言者是过程的专家。这就是领导在危险中的障碍。"[21]要跨越那样的障碍,领导可能会放弃在关系中的责任,放弃自己作为企业领导的地位。但是,只有领导是可以决策的。在一些运营改进后,他要知道特殊的程序应当是什么样子的;或者一旦一个政治问题解决了,情况会怎样。如果领导放弃了自己的责任,而让进言者承担责任,那么他最终会发现面对面的结果就是自己完全不想看到的情况。那些错误地同意承担领导责任的进言者却负不了责任,也是在冒风险。

让我们从开始回顾一下。正如我在引言中所说的,特别是在情况很明确,或者不允许犯错误的情况下,成为一名好的建议采纳者非常重要。我希望本书能够对面临如上情况的领导有价值。最后需要说的是,独自一人行事是不明智,也是不必要的,但是需要个人决定需要哪些帮助。如果你现在已经知道了如何思考建议,如果你理解了自己作为建议采纳者的责任,如果你愿意检验自己对待建议的态度,如果你希望在工作中掌握了最好的建议采纳的技巧,这本书还是物有所值的。

写在后面的话
——进一步思考

正文中并没有回答每一个成为好的建议采纳者的问题。还要做的工作就是要完全理解领导如何在最关键的时刻充分利用建议。需要对下面三个问题进行特别讨论。

> **进言者的责任。**我从来也没有打算写关于进言者的内容，或者为了进言者而写这本书，主要是为了避免读者忽视了领导者。其实还是有很多问题没有研究到。进言者如何能从领导的角度管理他们的关系？从进言者的角度来看，他们持有什么样的态度并采用什么样的行为才能提供最好的建议？当进言者同意为领导提供一种和自己专业相关、但不是自己擅长领域的服务时，他如何才能做好，并且承担那些客户期望的、但很难做到的工作呢？要为进言者提供更多的培训需要付出的代价是什么？要如何建立标准并且

写在后面的话

不断强化这一标准？

在进言者一方面来看，有许多工作需要做，我也希望这样。同时，也把这个问题留给很多好的思考者，那些思考者在这个领域对于公司有特别贡献，不管怎样，都对进言者本人来说有特别贡献，他们必须相信自己对客户是有价值的。他们必须更严肃地考虑自己的责任，并且鼓励领导更加明智地思考问题，以了解客户的真实情况。我也希望那些培训未来领导者的研究生课程，把采纳建议作为一种管理技能来教授，这样的课程可以使未来的领导和未来的建议采纳者都能受益。

➤ **写给领导者更多的行动细节。**这本书不是想阐述要成为好的建议采纳者，只要掌握所有倾听技能就可以了。有两个原因使得我没有那样写这本书。首先，必要能力（如主动且充满热情地倾听）是对关系很有帮助的技巧，这样的技巧已经在其他的书中被全面地研究过。其次，我相信，那些鼓励保持良好关系的特殊能力，可以受到领导个人风格的影响，领导也会受到他所面对的情况的启发，准确地发挥出他的能力。这本书中提出的案例及其分析为那些面对时间紧迫挑战的领导提供了一个参考框架。我希望本书可以鼓励领导和进言者之间展开坦诚的对话，使他们能够一起适应领导所面对的特殊情况。

➤ **企业内部进言者和董事会进言者的作用。**这本书强调了企业内部和外部采纳建议的两方面价值。通常情况下,人们对建议的讨论限制了外部专家的介入,忽视了下属、跟随者、朋友作为帮助资源的作用。这样受限制的结构带来的后果就是,领导只采用内部进言者的意见。我希望本书将能够打开领导的思路,既要看到内部的资源,也不要忽视了外部的资源。多利斯·卡恩斯·古德温(Doris Kearns Goodwins)的书《竞争团队》(*Teams of Rivals*)中描述了亚伯拉罕·林肯如何说服他的前任竞争对手去加入自己的内阁的。林肯对这四个强有力的竞争对手的管理表明了他对内部进言者娴熟的管理能力。他在执政中一直运用了这四个人,并且熟练地管理了他们与他人的关系,赢得了他们的忠诚,所有这几个人都使林肯获益。要更好地运用内部专家,就应当更仔细地思考一下。领导能从那些为自己工作的或与自己一同工作的人身上发掘哪些有用的帮助呢?使用那样的帮助的最大障碍是什么?最大障碍在于领导本人(对于提出帮助很不好意思,或者怕表现出好像一直都需要得到帮助),还是在于下属(下属不愿意说出领导不愿意听到的话)?

另一个企业内部的值得探究的资源就是董事会或者理事会成员。如果公司从创建之初就传出丑闻,那么董事会肯定就会不断变动。他们提出的规则使得董事会和还不是董事长的CEO之间有很大的差

写在后面的话

异。如果任命会议已经召开，董事们就已经习惯了，有能力且有经验的人已经适应了目前和未来企业发展的需求。这些能力对于领导来说非常重要，但是领导却常常不能那么做，因为提供建议和咨询意见通常不是董事会任务的重要组成部分。如果失察是董事会的主要责任，那么进言者的作用是什么呢？如何考评他们的业绩？如果董事会承担了所有的责任，那么领导如何管理董事会呢？

如果本书能够在这些问题上引起足够的注意，在建议过程中，对领导和进言者关系进行了进一步的研究，那么本书的目的就达到了。

注　释

引　言

1. 这些人是 John Adams，Dick Bechard，Dave Berlew，Lee Bradford，Bob Chin，Alan Cohen，Martin Ericson，Malcolm Knowles，Ron Lippitt，George Litwin，David McClelland，Mikki Ritvo，Irv Rubin，Ed Schein，and Charlie Seashore。

2. 支持这一观点的人包括 Joe Juran，Edwards Deming，Dorian Shainin，Romey Everdell，Bob Barlow，Bill Leitch，Arnold Putnam，and Henry Rarker。摩托罗拉公司的质量产品改进人员 Keki Bhote 的工作也很有帮助。

3. 在 20 世纪 70 年代，ACME 和 IMC 两个组织分别定义了咨询顾问的标准。ACME 是一个建立专业咨询标准的机构。IMC 通过冗长的申请过程验证个人顾问资格，他们验证个人顾问论文，并对董事会观点进行采访。在组织文化和管理发展方面的相关努力并不太奏效，也不够持久。在大约 1970 年，应用社会国际组织（IAASS）作为组织和管理实体成立了。由于两个组织都有验证的功能，我试图说服它们合并，至少合作。我很快知道，两者合并或合作的工作很难，因为它们使用的语言和方法不同，也不关注对方的运作方式。

4. 见 Bruce Henderson，*The Logic of Business Strategy*（New York：Harper-Collins，1985），and *Henderson on Corporate Strategy*

注释

(New York: New American Library, 1982)。

第二章

1. Dan Ciampa and Michael Watkins, *Right From the Start: Taking Charge in a New Leadership Role* (Boston: Harvard Business School Rress, 1999).

2. 见 Daniel Goleman, Richard Boyatzis, and Annie Mckee, *Emotional Intelligence* (New York: Bantam Books, 1997), the first book Goleman wrote on this topic; and Daniel Goleman, *Primal Leadership: Realizing the Power of Emotional Intelligence* (Boston: Harvard Business School Press, 2002), 在那本书中为领导关系提供了直接的情商模型。

3. David Maister, *Trusted Advisor* (New York: Free Press, 2000). Maister contends that one type of listening and responding shows understanding ("what it sounds like you're saying is ..."), another is supportive ("that must have been really uncomfortable for you"), while another is solution-oriented ("what has to be done next is ..."). This third option is Barry's way of responding.

4. David McClelland 关于情绪的本质的研究, *The Achieving Society* (New York: Wiley, 1976); *Motivating Economic Achievement* (New York: Free Press, 1971); 和 *Human Motivation* (New York: Cambridge University Press, 1988)。

第三章

1. 见 Gerard Egan, *Working the Shadow Side: A Guide to Positive Behind-the-Scenes Management* (San Francisco: Jossey-Bass, 1994)。

第四章

1. 关于郭士纳的早期情况, 见 Doug Garr, *IBM Redux: Lou*

Gerstner and the Business Turnaround of the Decade (New York: HarperCollins, 2000)。

2. Dan Ciampa, "Almost Ready: How Leaders Move Up," *Harvard Business Review*, January 2005.

3. Clark Clifford, *Counsel to the President: A Memoir* (New York: Random House, 1991), 81.

第五章

1. Jerome Fuchs, *Making the Most of Management Consulting Services* (New York: AMACOM, 1974).

2. 这项研究是由 Behavioral Science Center of Sterling Institute 完成的。

3. 这一观点是基于下列事实:那些麦克莱兰的学生、他的研究伙伴,以及应用他研究成果的人对于组织发展理论和组织变革实践作出贡献。They include Dave Berlew, Warren Bennis, Fritz Steele, George Litwin, Steve Rhinesmith, Jim Thompson, Bill LeClere, LeRoy Malouf, Jeff Timmons, Irv Rubin, Dave kolb, Bill Schutz, Richard Boyatzis, John Humphrey, and John Kotter.

4. Daniel Goleman, Richard Boyatzis, and Annie McKee, *Emotional Intelligence* (New York: Bantam Books, 1997); and *Primal Leadership: Realizing the Power of Emotional Intelligence* (Boston: Harvard Business School Press, 2002).

5. Gerard Egan, *Adding Value: A Systematic Guide to Business-Driven Management and Leadership* (San Francisco: Jossey-Bass, 1993).

6. Dennis Kavanagh and Anthony Seldon, *The Powers Behind the Prime Minister: The Hidden Influence of Number Ten* (New York: Harper-Collins, 2001).

7. Saul Alinsky, *Rules for Radicals* (New York: Random

House, 1971).

8. 我在20世纪60年代在NTL机构的夏季研究项目中学到这一技术。Tom Gordon是我接触最密切的人。他作为一名在Carl Rogers领导下的研究人员，Gordon认为没有什么可以训练人们成为好的合作伙伴的方案。他接受了父母有效性的验证培训，这个培训项目是主动倾听的一个核心部分，更多信息请见Thomas Gordon, *Parent Effectiveness Training: The Proven Program for Raising Responsible Children* (New York: Three Rivers Press, 2000); and Carl Rogers, *On Becoming a Person* (Boston: Houghton Mifflin, 1961)。

第六章

1. 当布鲁斯还在Arthur D. Little的时候，就鉴证了BCG。他提供帮助的第一家公司即我的公司Rath & Strong。他很慷慨地向我们说出了他的理念，从不掩饰。

第七章

1. Michael Maccoby, "Narcissistic Leaders," *Harvard Business Review*, January 2004.

2. 见Carl Rogers, "The Characteristics of a Helping Relationship," in *Interpersonal Dynamics*, ed. Warren G. Bennis, Edgar H. Schein, David E. Berlew, and Fred I. Steele (New York: Dorsey Press, 1964)。

3. 见Kurt Lewin, *Field Theory in Social Science* (New York: Harper & Row, 1951), 188-237。

4. 见David Kolb, *Experimental Learning* (Englewood Cliffs, NJ: Prentice Hall, 1984)。

第八章

1. Carl R. Rogers and Fritz J. Roethlisberger, "Barriers and

Gateways to Communication," *Harvard Business Review*, July-August 1952.

2. Clark Clifford, *Counsel to the President* (New York: Random House, 1991).

3. Clark Clifford, "Memorandum on Transition," http://www.jfklibrary.org.

4. David Herbert Donald, *We Are Lincoln Men: Abraham Lincoln and His Friends* (New York: Simon & Schuster, 2003).

5. For a more detailed description of this letter and how Lincoln handled it, see Doris Kearns Goodwin, *Team of Rivals: The Political Genius of Abraham Lincoln* (New York: Simon & Schuster, 2005), 341–343.

6. Max Frankel, *High Noon in the Cold War: Kennedy, Khrushchev, and the Cuban Missile Crisis* (New York: Presidio Press, 2004).

7. Robert F. Kennedy, *Thirteen Days: A Memoir of the Cuban Missile Crisis* (New York: W. W. Norton, 1971), 89.

8. Frankel, *High Noon in the Cold War*, 8–10, 76, 81–82.

9. 见 Graham T. Allison, *Essence of Decision: Explaining the Cuban Missile Crisis* (Boston: Little, Brown, 1971)。

10. Robert Dallek, *An Unfinished Life: John F. Kennedy, 1917–1963* (Boston: Little, Brown, 2003), 93.

11. Frankel, *High Noon in the Cold War*, 97.

12. 同上,79页。

13. 同上,77页。

14. 同上,99页。

15. Kennedy, *Thirteen Days*, 24.

16. Frankel, *High Noon in the Cold War*, 78.

17. John F. Kennedy, speech at American University, June

注释

1963.

18. Dan Ciampa and Michael Watkins, *Right From the Start* (Boston: Harvard Business School Press, 1999).

19. Antony Jay, "Rate Yourself as a Client," *Harvard Business Review*, July-August 1977. 另见 Antony Jay, *Management and Machiavelli: An Inquiry into the Politics of Corporate Life* (Austin, Texas: Holt, Rinehart, & Winston, 1968), republished as *A Prescription for Success in Your Business* (Englewood Cliffs, N.J.: Prentice Hall, 1996), Worthwhile for anyone looking to better manage the political side of the leadership equation。

20. Jay, "Rate Yourself as a Client."

21. 同上。

延 伸 阅 读

These titles are recommended for further exploration of three subjects: advice, leadership, and organizational change. There are few books on advice; I hope that *Taking Advice* will stimulate more work in this field. By and large, the most thoughtful published treatments deal with the giving and taking of advice in government and the military, both in the modern era and earlier. Of the many books on leadership, those listed here add value to the challenge of taking advice. Much has also been written on organizational change. Here again, the titles listed have particular relevance to the mission of *Taking Advice*.

Advice

Chase, James. *Acheson: The Secretary of State Who Created the American World*. New York: Simon & Schuster, 1998.

Clausewitz, Carl von. *On War*. New York: Penguin Classics, 1982.

Callières, François de. *On the Manner of Negotiating with Princes: From Sovereigns to CEOs, Envoys to Executives—Classic Principles of Diplomacy and the Art of

延伸阅读

Negotiation. Boston: Houghton Mifflin, 2000.

Dixon, Norman F. *On the Psychology of Military Incompetence*. London: Jonathan Cape, 1984.

George, Alexander L. *Presidential Decision Making in Foreign Policy: The Effective Use of Information and Advice*. Boulder, CO: Westview, 1980.

Guggenbühl-Craig, Adolf. *Power in the Helping Professions*. New York: Spring, 1971.

Hersh, Seymour M. *The Price of Power: Kissinger in the Nixon White House*. New York: Simon & Schuster, 1983.

Kissinger, Henry A. *The White House Years*. Boston: Little, Brown, 1979.

Maister, David H. *True Professionalism: The Courage to Care About Your People, Your Clients, and Your Career*. New York: Free Press, 1997.

McAlpine, Alistair. *The Ruthless Leader: Three Classics of Strategy and Power*. Hoboken, NJ: Wiley, 2000.

Nierenberg, Gerard. *How to Give and Receive Advice*. New York: Simon & Schuster, 1975.

Patterson, Bradley H., Jr. *The White House Staff: Inside the West Wing and Beyond*. Washington: Brookings Institution Press, 2000.

Reese, Thomas J. *Inside the Vatican: The Politics and Organization of the Catholic Church*. Cambridge, MA: Harvard University Press, 1998.

Roter, Debra L., and Judith A. Hall. *Doctors Talking with Patients / Patients Talking with Doctors: Improving Communication in Medical Visits*. Westport, CT: Greenwood, 1993.

Salacuse, Jeswald W. *The Art of Advice: How to Give It and How to Take It*. New York: Crown, 1994.

Schein, Edgar H. *Process Consultation: Its Role in Organization Development*, 2nd ed. Englewood Cliffs, NJ: Prentice Hall, 1988.

Sherwood, Robert E. *Roosevelt and Hopkins*. New York: Enigma, 2001.

Walton, Richard E. *Interpersonal Peacemaking: Confrontations and Third-Party Consultation*. Reading, MA: Addison-Wesley, 1969.

Leadership and Leaders

Alexander, Bevin. *How Great Generals Win*. New York: W. W. Norton, 2002.

Argyris, Chris. *Executive Leadership: An Appraisal of a Manager in Action*. New York: Harper, 1953.

Dallek, Robert. *An Unfinished Life: John F. Kennedy, 1917–1963*. Boston: Little, Brown, 2003.

Gardner, Howard. *Leading Minds: An Anatomy of Leadership*. New York: Harper-Collins, 1996.

Gardner, John William. *The Heart of the Matter: Leader-Constituent Interaction*. Leadership Papers 1–4.

延伸阅读

Washington, DC: Independent Sector, 1986.

Heifetz, Ronald A., and Marty Linsky. *Leadership on the Line : Staying Alive Through the Dangers of Leading*. Boston: Harvard Business School Press, 2002.

Kaplan, Robert E., Wilfred H. Drath, and Joan R. Kofodimos. *Beyond Ambition : How Driven Managers Can Lead Better and Live Better*. San Francisco: Jossey-Bass, 1991.

Kets de Vries, Manfred F. R. *Prisoners of Leadership*. Hoboken, NJ: Wiley, 1989.

Maccoby, Michael. *The Leader : A New Face for American Management*. New York: Ballantine, 1981.

May, Ernest R., and Philip D. Zelikow, eds. *The Kennedy Tapes : Inside the White House During the Cuban Missile Crisis*. Cambridge, MA: Harvard University Press, 1997.

Meacham, Jon. *Franklin & Winston : An Intimate Portrait of an Epic Friendship*. New York: Random House, 2003.

Wills, Garry. *Certain Trumpets : The Call of Leaders*. New York: Simon & Schuster, 1994.

Zaleznik, Abraham. *Learning Leadership : Cases and Commentaries on Abuses of Power in Organizations*. Chicago: Bonus, 1993.

Change

Bennis, Warren G. *Changing Organizations*. New York: McGraw-Hill, 1966.

Bennis, Warren G., Kenneth D. Benne, and Robert Chin. *The Planning of Change*, 4th ed., Austin, TX: Holt, Rinehart & Winston, 1985.

Ciampa, Dan. *Total Quality: A User's Guide for Implementation*. Reading, MA: Addison-Wesley, 1991.

Davis, Stanley M. *Matrix*. Reading, MA: Addison-Wesley, 1977.

Deal, Terrence E., and Allan A. Kennedy. *Corporate Cultures: The Rites and Rituals of Corporate Life*. Reading, MA: Addison-Wesley, 1982.

Drucker, Peter F. *Managing in a Time of Great Change*. New York: Dutton, 1995.

Gardner, Howard. *Changing Minds: The Art and Science of Changing Our Own and Other People's Minds*. Boston: Harvard Business School Press, 2004.

Lawrence, Paul R., and Jay W. Lorsch. *Developing Organizations: Diagnosis and Action*. Reading, MA: Addison-Wesley, 1969.

Marrow, Alfred J. *Making Waves in Foggy Bottom: How a New and More Scientific Approach Changed the Management System at the State Department*. Washington, DC: NTL Institute, 1974.

Nadler, Leonard. *Developing Human Resources*. Houston:

延伸阅读

Gulf, 1970.

Schein, Edgar H. *Organizational Culture and Leadership*. San Francisco: Jossey-Bass, 1991.

Schein, Edgar H. *The Corporate Survival Guide*. San Francisco: Jossey-Bass, 1997.

作者简介

丹·钱帕在 CEO 或者董事会成员被新聘任或者升迁到新职位的时候为他们提供建议。当企业决定必须变革,而且要保持原来的成功的时候,也需要丹为他们提供建议。

丹·钱帕在领导力、运营改进和文化变革方面有着丰富的从业经历。当他还在读研究生的时候,就得到了组织和管理发展方面的培训,那时他作为社会工作者参与了贫困和经济发展项目。他参与了现场的研究,在变革的时期指挥项目运作,并且帮助开发了现代管理的新技术。

20 世纪 70 年代,他在运营管理、制造工艺、信息技术和质量的可靠性方面得到了培训。他成功地领导了第一个运营管理和文化变革的并购工作,这样的工作是企业变革所必需的。80 年代,他在美国建立了最早的全面质量管理的方法,并且参与了精益生产管理的检查工作(六西格玛的前身),并且参与了自动化和开放系统的建立工作。90 年代,他开始了志愿者工作,参与了 CEO 调动、对改革影响、运营的有效性和战略方面等工作。他在 1984—1996 年期间担任 Rath & Strong 公司的董事长兼 CEO。

钱帕在变革、新战略执行、经营改善、文化变革和 CEO

作者简介

的继任等方面撰写了一些文章,还出版过三本著作[其中一本包括与迈克尔·沃特金斯合著的《先决领导》(*Right From the Start*)]。